飲食文選

THE BEST TAIWANESE FOOD WRITING 2018

目次

飲品

品味

回味

詩、小說

故事

冷熱仙草

吳敏顯

作者簡介

吳敏顯，宜蘭人。曾任高中教師，報社主編及召集人。著有散文集：《我的平原》、《山海都到面前來》、《腳踏車與糖煮魚》。小說集：《沒鼻牛》、《三角潭的水鬼》、《坐罐仔的人》。作品獲選入北區五專聯招試題，中正大學語文研究所試題，全國語文競賽朗讀篇目；以及《華文文學百年選》、《中國現代文學年選》、《中華現代文學大系》、《台灣當代散文精選》。

我不知道宜蘭鄉下人吃仙草源於那個年代，只曉得一甲子前曾經在鄉公所廣場前擺了很多年攤車的阿永叔，冬天賣福肉茶、杏仁茶，夏天就會賣愛玉冰、仙草冰，其中以仙草冰最受歡迎。

阿永叔每年自動將攤車公休幾天，好騎著貨架插支宣傳旗子的腳踏車，繞行各個村莊敲響銅鑼，幫鄉公所催繳稅金，順便幫人們傳遞口信。因此很得人緣。

不少人問他，為什麼他的仙草冰比宜蘭街許多商家賣的好吃？他說，自己沒種仙草，也不從市場買，全都是專程去關西扛回來，再拌地瓜粉熬煮。

關西，咦，那應該是很遠很遠的地方呀！當時整個鄉下和沿海地區窮人，如果積欠太多債務被逼到走投無路，想脫身除了上吊、跳河，通常只剩兩條生路，一是「跑關西」，一是「走後山」。

讀書的孩子大概知道，「走後山」是指翻山越嶺搬往債主不容易找到的花蓮台東墾荒；至於「跑關西」，實在搞不清楚什麼地方。

阿永叔告訴我們，關西離宜蘭確實很遠，要繞台北、桃園，進入新竹層層疊疊深山內兜底。沿途必須輾轉搭火車、汽車、卡車、牛車，還需要走很長山路，彎來繞去才到得了。

小孩子總愛自作聰明，認為村人習慣把仙草叫田草，既然屬田間長的草，絕對不是什麼神仙種的。天底下所有青草野生野長非常草賤，隨便種都活，何必跑那麼遠，花那麼多錢去關西扛回來呀！

阿永叔搔搔腦袋苦笑說，關西位於深山林裡一處山窩仔，一年四季氣候不錯，而我們這裡常遇颱風又做大水，土質也與那裡山坡地不同。當地人告訴他，關西仙草種苗是客家老祖宗傳下來的，上百年未曾聽說有哪個地方生長的能跟他們評比哩！

儘管阿永叔判定宜蘭在地栽植仙草品質不及關西，仍有村人不信邪，試著在自家田園種植，無論什麼品種全長得很好。我們家追隨嘗試，任它們和野草一塊兒成長。

仙草模樣有點像老薄荷。老株過完夏季便準備開花結籽，然後等寒冬落葉，落葉前正是採收期。除了老株蔓生新枝，種籽掉落地面開春即萌芽長新苗，如此周而復始應合了春風吹又生的頑強生命力。但剛開始栽種者，往往貪快，總希望一暝大一寸，會用剪枝扦插或分株種它。

仙草枝叢低矮，採收辛苦，通常以整株拔起最為快速，有些根鬚難免粘帶部分泥土，一捆捆攤在秋天陽光下，彷彿一個個沒穿鞋襪腳趾骯髒的醉漢，橫躺地上。

有童伴不知道曬這些野草作何用途，我卻曉得它可以熬出好吃的仙草凍。每天朝它盯著看，竟然就開始想像它將成為亮晶晶的柔嫩仙草凍，盛在盤子端著，它總是很高興地笑到歪來歪去、渾身抖呀抖不停。

長大後，從某些小說讀到「花枝亂顫」這個詞句，我立刻理解它形容的是哪副模樣。聯想到仙草凍切成細塊在冰糖水裡浮沉，所散發出來清涼又甜蜜的滋味。且來回遊蕩於舌根與喉嚨之間。

當一把又一把青綠枝葉攤開曝曬期間，必須每隔一兩個小時幫它們翻個身，同時掃掉從根部鬆脫的泥土。每翻動一次，便瞧見葉片和枝條逐漸褪色枯萎，由青綠轉成茶褐色。嘿嘿，很快能夠熬仙草凍解饞了。

幾天大太陽曬下來，葉子變色而化身蝴蝶模樣或蜷曲成繭，大部分依舊巴住枝幹不鬆手。俟整株仙草失去水分，重量減輕大半，這時候不妨讓它們換個姿勢，將它倒豎呈尖頂帳篷繼續曬它，吊掛竹桿上由涼風吹它。

仙草尚未曬乾，好吃的小孩早已流掉一大碗口水。阿嬤卻說，新採收曬乾的仙草要先擱著，放越久越香。收藏方法是「束之高閣」，整捆整捆放置樓拱上。

鄉下磚瓦房屋頂下方，通常會釘一層半截式天花板，叫樓拱。這空間貼近瓦片底下，每當太陽在瓦楞上溜滑梯翻跟斗時，滲透熱度足以使整層樓栱變成大烤箱，仙草持續被烘烤除濕，使它不致長霉。隔個一兩年甚至三四年再拿下來煮湯熬凍，才是最頂級芳香、最濃稠好吃的點心。

仙草凍製作方法很簡單，只需花時間把曬乾存放的陳年莖葉熬汁過濾，勾兌地瓜粉或太白粉、洋菜，閑置冷卻便凝結成固體。要吃它，可持薄鐵片將塊狀仙草凍分切成骰子般大小，覆蓋剉冰，澆淋冰涼糖水，再擠點檸檬汁，立刻成鄉下人消暑袪火聖品。

早年不作興喝飲純汁液，一般只拿它燉煮仙草雞，這正是民間老少咸宜的滋補食品。煮仙草雞要先熬一鍋仙草汁液，然後再用它燉煮雞肉，兩道手續都必須花費大半天時間才能煮出好滋味。因此村人認為，單單熬草汁就滿耗時費事，每於大灶升火都會想到乾脆多熬一點，好與鄰居親友分享。

抓一兩斤曬乾的仙草，可以熬出一大鍋香味濃郁汁液，自家食用之外，足夠左鄰右舍或親朋戚友分享。分送後，愛吃冰仙草的，繼續加工做仙草凍；喜歡煮熱騰騰仙草雞養生者，從自家雞籠抓隻雞宰殺直接燉煮就成了。

前後幾天，至少有半個村子範圍，無論走到那兒，全會聞到細燉慢熬的仙草香味。

老一輩鄉親迷信吃什麼補什麼，吃腦補腦吃肝補肝，多沾醬油頭髮黑亮，啃紅蘿蔔吃番茄則氣色好，這道理曾經帶給村中女孩子對該不該吃仙草，產生偏好和困擾。

認為常吃仙草凍，皮膚肯定柔軟細嫩具彈性，且頭髮烏黑亮麗；卻也不免擔心，萬一貪嘴喝多了，皮膚色澤跟著黑不溜湫，該怎麼辦？

尤其當她們從電影裡看到非洲土著個個膚色黝黑，更是忌口。理由是非洲人世世代代生長在一望無際的大草原，隨時都拿仙草汁解喝呀！

生活環境持續改變，人們對送進嘴裡的食物講究變化。仙草冰仍受歡迎外，更多人卻直接喝燒得滾燙，再添加糖份及香料的仙草汁液，名曰「燒仙草」。

剛開始，業者大多推個小攤車叫賣，近幾年已出現不少頗具規模的專賣店。他們和台灣各行各業一樣，非常懂得宣傳，一旦賣出口碑，每天開門營業即有老老小小大排長龍，生意興隆。

我鼻子不很靈光，每回經過燒仙草攤位或飲料店，雖未聞到獨特香味，但光看到那些招牌和花花綠綠的旗幟，就不免想起小時候，喝仙草冰消暑以及難得吃到仙草雞時，回味無窮的情景。

我阿嬤上天做神仙之前，沒聽說燒仙草這種東西。活了一百歲的小腳外婆，曾被幾個外孫哄著品嚐，老人家只肯張開光禿的上下牙齦喝了一小口，咂咂舌頭之後，把頭搖得像青少年跳街舞，直說這燒仙草汁不如仙草凍，更擔心喝完整大杯濃稠汁液若忘了漱口，滿嘴巴全都黑嚕嗦嗦，才難看哩！

到我父親叔伯那一代，村人仍堅持吃仙草凍和仙草雞才算真正懂得吃。那年代，鄉下沒什麼人喝過燒仙草，總以為是年輕人耍弄花樣。所以，遇到某個人對任何食物飲料選擇沒什麼品味，或批評某人根本不懂吃喝之道，最簡明扼要的評語，就是——

實在有夠戇哩！哪有人戇到仙草吃燒的！

仙草於我，確實是舊友故交。冷與熱吃法各有不同，凝結成塊與濃稠汁液口味也不一樣，它們卻統統能夠用快樂甜蜜的回憶，居間聯繫了一個農家孩童、一個鄉村少年、一個都會青壯年，和一個隱居市郊老人的幾十年歲月。

如果阿嬤還在世，哼，她種的仙草說不定已經繁衍成非洲大草原哩！

《聯合報》聯合副刊，2018年7月10日

市場

菜市場

阮慶岳

作者簡介

作家、建築師、評論家與策展人，有美國及台灣建築師執照，現任元智大學藝術與設計系教授。著有文學類《神秘女子》、及建築類《弱建築》等三十餘本，曾策展威尼斯建築雙年展台灣館，並獲台灣文學獎散文首獎及小說推薦獎、巫永福文學獎、台北文學獎、二〇〇九亞洲曼氏文學獎入圍，中國建築傳媒獎建築評論獎，中華民國傑出建築師獎。

我既不擅長也不喜歡煮飯，但是上市場終究不可免，我長時卻只去家附近的超市。原因自然有一些，其中主要是三餐吃食，對我而言，其實就是一種必要的人生之惡，能輕鬆化解自然最好。而去超市買東西，至少簡單俐落也乾淨，完全符合我想減低任何外在危害的邏輯，更重要的是完全不需要與任何陌生人說話，也化解我對必須與群眾摩肩接踵的莫名恐懼。

但是，逐漸發覺自己會在週末早晨，有想搭公車去往四站遠傳統市場的心意。一初始，直接會去的是超市裡沒有的花舖，順便也會去買一些新鮮的蔬果，其他顯得繽紛喧鬧的各色攤販，我通常就像旁觀者一旁駐足觀看，會有些擔心自己在外貌與日常知識上，是否顯得魯鈍愚昧，讓那些熟練的店家看了笑話。

然後，不知不覺就加入興奮的人行忙碌行列，我通常蓄意穿夾腳拖和短褲，然後背著一個袋子，沿市場入口晃蕩下去，一路摸摸食品貨色、問問價錢高低，聽著商家幾聲美好暗爽的帥哥稱呼，腦中盤算如何搭配再來一週飲食，一一採購入袋回家，姿態神色逐漸有個熟悉模樣。

譬如這個剛過去的週末，我買了幾塊豬蹄膀來燉湯，搭配的是蓮藕、山藥和豆腐，這大概可以撐我幾餐的伙食。另外，還買了可現食的菜餚，方便我懶惰的天性，有一瓶現搾的檸檬原汁，用來沖調我的夏日飲品，離去前必去越南小攤販，買了現做的生春捲及冰咖啡，直接站在路邊吞食下肚。

這次最得意的，是帶回來白花叢開的梔子花。花舖主人說梔子花最好養，我還是有些擔心不安，因為過往那些我愛的花，卻總是不能被我養好。她安慰說：別擔心，只要天天澆點水曬點陽光，保證花香天天有。我把梔子花安置在陽台的綠色植栽中間，嗅聞著屋裡的暗香浮動，期盼花樹彼此為伴，並且和樂共處。

我以前害怕去熱鬧多人的菜市場，現在發覺一到週末，就想要去那個小巷子的市場流連往返，回家時都滿心愉悅與感謝。

《蘋果日報》副刊，2018年5月26日

夢幻的蟹味

焦桐

作者簡介

一九五六年生於高雄市，「二魚文化」公司創辦人，已出版著作包括詩集《焦桐詩集：1980-1993》、《完全壯陽食譜》、《青春標本》，及散文《我的房事》、《在世界的邊緣》、《暴食江湖》、《滇味到龍岡》、《味道福爾摩莎》、《蔬果歲時記》、《味道臺北舊城區》等等三十餘種；編有年度飲食文選、年度詩選、年度小說選、年度散文選及各種主題文選五十餘種，二〇〇五年創辦《飲食》雜誌，展開臺灣的年度餐館評鑑工作，並任評審團召集人。焦桐長期擔任文學傳播工作，現為中央大學中文系教授。

每年秋天我彷彿都聽見陽澄湖在召喚：秋濃菊黃，大閘蟹肥了。現在，人工放養延長了蟹汛期，吾人不僅輕易可以品嚐「六月黃」，寒冬臘月裡也吃得到。

陽澄湖的湖水不深，陽光能直透湖底，適宜螃蟹發育成長；湖蟹得天獨厚沐浴了整個夏季的陽光，復享受湖內的黃鱔、鰻鱺、螺螄肉，出落得體格健壯，故稱「清水大閘蟹」。清水大閘蟹金爪黃毛，青背白肚。人們咸信蟹殼呈青是湖水清澈，未染污泥；而蟹肚呈白，乃因湖底密布豬鬃草的洗刷。

我對大閘蟹一往情深，常常想念這天下至味，想念其肉質潔白，微甘，濃郁的鮮香。大閘蟹表現為玉脂珀屑之美，豐腴中帶著精細，其蟹膏、蟹黃之潤香堪稱蟹族中第一，素有「水中軟黃金」之譽，南宋高宗皇帝也贊「蟹中狀元」。

陽澄湖蟹太出名了，冒名者眾，也有別處的大閘蟹在養殖期送到陽澄湖裏面放養幾天，像喝過洋水的留學生那樣沾點兒貴氣。其實陽澄湖的蟹也有塘蟹和湖蟹之分，塘蟹是養在陸地上挖的水塘裏，水不流通；而湖蟹則是在陽澄湖裏圈地養殖，蟹在浩瀚的湖裏茁壯成長，環境本質上不同。

「秋風響，蟹腳癢」，蟹苗長到二秋齡以後，性腺成熟，紛紛沿江而下，旅行至鹹淡水交界的河口淺海區交配繁殖。一般認為旅途上必須經過許多閘閥，故名大閘蟹。

陳思和教授則說：大閘蟹的原來意義應該是大煠蟹，因爲「煠」字比較偏，逐漸廢而不用，才改用大閘蟹。煠是一種烹調的方法，南方人指把食物放在水裏煮一下，叫作煠，一般來說，煠是未完成的烹調法，食物打撈起來重新要放調料進一步製作。煠一般是半成品的製作，只有個別蔬菜豆類，煠熟後可以直接吃。普通話普及後，這個煠字與北方音的煮字通用。煮也是指把食物放在水裏燒，但是煮包含了完成式，煮的過程可以放調味料，煮熟的東西就可以吃。而煠是白煠，不放調料的。煠煮混用以後，煠這個字漸漸廢除不用了，但在上海人的口頭上仍然是普遍使用的，並不是特別偏廢的方言。

思和兄的說法頗有道理，清顧祿〈煠蟹〉云：「湖蟹乘潮上，簖漁者捕得之，擔入城市，居人買以相饋貺，或宴客佐酒……湯煠而食，故謂之煠蟹。」

陽澄湖水質清澈，所產螃蟹體型較大，似乎成為大閘蟹的故鄉。其實長江中外的崇明島和橫沙島以東的河口淺海，是長江湖蟹的天然產卵區，崇明島四周，尤其北沿各港口水流緩慢，灘涂廣闊，適合蟹苗的棲息集中。

大閘蟹越來越普遍，我吃過崇明大閘蟹，嚐過太湖、陽澄湖所產，也在巴黎大啖荷蘭養殖的大閘蟹；近年來迷戀臺東所產，用高冷山泉養殖的大閘蟹全程未投藥，予人潔淨感，健康感。

我的大閘蟹經驗最深刻的一次是在陽澄湖畔「小樹林會所」，會所相當隱蔽，通幽小徑兩旁密植著林木，樹葉搖曳著光影；沿著岸邊插了蟹籪攔網，顯然自己也放養大閘蟹。那天中午吃得豐盛，除了蒸蟹，另有南瓜粥、菠菜、蘗芹肉絲、河蝦、清蒸鱖魚、黃燜河鰻、白切雞、滷豬舌、甲魚湯，飲周庄產的「萬三黃酒」，也許是清水大閘蟹的加持，我覺得所有菜餚無一不美。

持螯長立湖畔飲酒，秋雨蕭瑟，風捲薄霧如急管繁弦，忽然升起淡淡的憂傷，不知何日再能親吻那滋味？我對大閘蟹有著「思君令人老」的想念，那滋味夢幻般，藏著深情的領悟，和文化的密碼。

《蘋果日報》副刊，2018年10月18日

廚房

胡椒，和那些個性熱烈的男人們

楊馥如

作者簡介

楊馥如，台灣女兒、義大利媳婦。義大利特倫多大學大腦神經科學博士，英國牛津大學應用語言學碩士，輔仁大學德國與英國文學雙學士。她是飲食作家、深度食材旅行策劃人、廚藝老師，繞著食物打轉的斜槓人生中，並不忘她的專業學術訓練，也在大學教書。

跟食物有關的諺語總是特別讓我感興趣——閩南語形容一個人虛情假意，會說「六月芥菜假有心」；華語圈中有句諺語「薑是老的辣」，和義大利文裡的「gallina vecchia fa buon brodo」「老母雞煲好湯」有異曲同工之妙。靴子國民絕對是用食物來入諺語的箇中翹楚，他們的「吃話」非常傳神而且句句生動。其中我很喜歡的一個說法叫做「tutto pepe」「全是胡椒」，通常用來形容一個人性格溫暖熱烈、至情至性，甚至帶點火爆脾氣。

胡椒難道不是如此？集暖烈於一粒：咬碎黑胡椒子，舌尖上先是一股溫香，然後熱辣暴烈，口中宛若千百小針猛刺，快感直衝腦門。這樣的香料（人），你是愛還是怕？

胡椒男：古羅馬大廚阿比修斯

有回臉書送給我「每年的今天」回顧，赫然驚覺十年間的每個今天，我不是在吃吃喝喝，就是在做跟食物有關的事，沒有一天例外：做菜給朋友吃、教人做馬鈴薯麵餃、上品酒課、做飲食主題的演講、在派對上舉杯……曾經夢想找個跟我一樣為食物癡迷的男人當作終生伴侶，曾經一度抱著這個想法，我迷戀上名叫阿比修斯（Marcus Gavius

Apicius）的男人，直到發現他著實是個「胡椒男」——溫情暖香的一面讓人著迷，火爆熱烈的那面卻難以招架——我才死了這條心。

怎麼說阿比修斯這個人呢？我愛他對美食執著、好煮成性、喜歡熱鬧所以常常辦趴，只要跟食物有關的事，必定要事事完美，毫無妥協可言。但我怕極了他愛到深處以死相逼的烈性：這愛不是對女人的愛，而是對食物的。

阿比修斯是羅馬共和國時期廚師，出生在富裕家庭，每日生活跟「吃」綁在一起：寫食譜，也教做菜、經營廚藝學校，他的拉丁文著作《論烹飪》（De Re Coquinaria）厚重如磚塊，卻是歐陸最古老、古羅馬僅存的食譜書，現今仍在書市流通。書中共五百多道食譜，其中四百多道關於醬汁，而且幾乎都用上胡椒。其中我很喜歡的一道是這麼寫的：「小牛肉用橄欖油炸熟。另一鍋中混合葡萄乾、酒、醋、蜂蜜、油、魚露，再加胡椒等香料做成醬汁。醬汁燒到微滾，倒在小牛肉上，用文火燉煮，讓肉入味。上桌。」

找這樣的伴，讓他天天做飯給我吃，多好？不過他暴烈的胡椒性格卻讓人退避三舍，阿比修斯對食物的愛，是吃到死，以生命相許。對食物的愛太強大，他終年投注長大筆資金投注在食材採買，生蠔、睡鼠、火鶴不夠看，海龜、蠍子這些珍稀的進口食材方能滿足料理人的實驗精神；對增修廚房設備更是花錢不眨眼，最後終於家財散盡。一切結束得很戲劇化：某天當阿比修斯覺得自己的荷包再也負擔不起美食至上的日子，不能隨心所欲地做菜，無法用最高品質的食材實現心目中的完美料理，他覺得玩完了。於是阿比修斯找了朋友，做一大桌上好料理，把自己編寫的食譜裡最精彩的都端上了，不過，其中一道加了特別的「料」，藏了毒，由自己吃下，在飯桌上結束生命。

靴子國初識綠胡椒

剛搬到義大利時，朋友請客接風，餐館裡，我點了一道「碳烤牛菲力佐綠胡椒」。這道菜到現在依然是心頭好，但對當時初來乍到、還是廚房生手的我來說，胡椒只有黑的，點這道菜的原因是想開眼界，看看綠胡椒長什麼樣子。菜上桌，吸引我的當然不是牛排：把一顆顆青綠的胡椒子放進嘴裡輕輕咬下，竟然清甜好吃，不辛不辣。作東的朋友說，新鮮的綠胡椒很珍貴，直誇我眼光好、會點菜，完全不知道我其實是沒吃過這番好物的鄉巴佬。

胡椒的拉丁文學名，piper nigrum，來自梵文，原義為「漿果」。生產於印度西南沿岸的森林裡，長在樹上一串一串的，跟葡萄很像，也有卷卷的鬚。通常春末盛夏之間胡椒漿果會由青綠轉紅（或橘），漿果一旦成熟，也代表進入採收時節。尚未完全成熟的胡椒漿果是青綠色的，也就是綠胡椒，味道比較柔和。剛採下的綠胡椒通常是整串連莖直送高級餐廳的，因為久了果實會變色，要長時間保存這抹鮮嫩的青，不是經過急凍處理就是將之醃漬。我們最熟悉的黑胡椒，是經過太陽曝曬的成熟漿果，外皮由紅轉黑，味道也變得濃烈刺激。把熟透的胡椒漿果裝袋，浸在水裡十天半個月讓外殼軟化、以人工手搓去除外殼後，包在裡頭的白色果肉露出，豔陽下曬乾，成了白胡椒，是做中華料理時的靈魂調料。

胡椒貿易之都威尼斯

威尼斯我最愛的一條街，名字很特別，叫做「香料街」（Calle dello Spezier）。這條香料街在五百年前，地位之重要，跟今日紐約華爾街是不相上下的。當時的威尼斯是世界金融中心，十五到十七世紀之間，全世界最大的香料期貨市場就在香料街一帶；而全世界期貨市場的股王，正是黑黑小小的胡椒。現在我們在超市買罐原粒胡椒，了不起幾百塊錢。不過當時一袋胡椒是可以買艘船的，這樣應該就可以感受到它的價值到底有多麼珍貴。

海權時代的威尼斯共和國甚至有胡椒官，專門掌管胡椒的交易：胡椒官的地位，可不像九品芝麻官那樣卑微。胡椒官權大勢大，因為整個威尼斯城裡，所有藥頭的生計，都捏在胡椒官手上。說買賣胡椒的人是藥頭，一點也不誇張，因為在古代，胡椒是在藥房裡販賣的。羅馬御醫蓋倫，說胡椒屬熱，能夠治療胃寒，跟我們老祖先的醫藥寶典《本草綱目》，裡頭說胡椒能「暖腸胃，除寒濕反胃」不謀而合。

威尼斯一帶有道胡椒名菜'pearà'我愛極了！這道以方言為名的菜譜——暫且把它翻譯成「胡椒醬」吧——食材包括大量的胡椒、牛骨髓、肉湯、麵包粉：慢火文文，先在鍋裡把牛骨髓炒化了，再放進麵包粉一同煸香。這時候重頭戲上場啦！胡椒現磨，豪邁撒下去，鍋鏟不要停繼續炒，直到鼻尖撲來陣陣香氣。還沒完。旁邊得熱著一鍋肉湯，大骨熬的，千萬不可用化學湯快速成作弊；舀高湯入鍋，攪散一鍋濃稠腴潤，胡椒勁道十足，冬天裡這鍋醬汁搭配肉類料理好吃得不得了。

愛用胡椒入菜的義大利人

我做菜的時非常喜歡使用香料；而胡椒就是常用的其中一種。在家裡，我們常把烤得脆脆的麵包薄片，抹上一層又軟又滑的乳酪；然後，在上桌前淋一點白松露油，再撒上現磨胡椒。這個做法簡單，但成品卻好吃得不得了的開胃菜，在現代的餐桌上似乎沒有什麼了不起。不過，從前在胡椒貿易之都威尼斯，這種動不動在食物裡加胡椒的習慣，是有錢的大戶人家才有辦法做到的。

義大利許多道地的美食，不管是肉類或是海鮮，都會用胡椒調味。我最愛的一道海鮮料理「胡椒煮淡菜」，做法非常簡單，但是成品美味至極。捲起袖子，我們來做菜！先把淡菜洗乾淨：除了把貝殼上的黏著物刷乾淨，也要把開合縫中夾著的雜草拔除。在深鍋子裡加一點橄欖油，用小火爆香大蒜。聞到大蒜的香氣後，把淡菜倒進鍋子，蓋上鍋蓋，順便把火轉大。幾分鐘後，淡菜在鍋子裡全部開口笑。這時候，請熄火，然後撒進大量的黑胡椒來調味。煮淡菜其實不用加鹽，因為淡菜的汁，已經有飽滿的海味，又香又鹹。這時只要加上胡椒就很好吃了！起鍋前，灑一點切碎的洋香菜，再淋些橄欖油。白酒，請省下，奶油也大可不必，因為淡菜和胡椒非常合拍，完全不用多餘的調味。「胡椒煮淡菜」很配烤得香香酥酥的麵包：麵包可以用來吸淡菜的湯汁，配上冰涼的白酒，人生最美好，莫過如此。

胡椒「天國的種子」

現代的生活裡，胡椒是稀鬆平常的調味品，不管在餐廳的桌上，或是我們的廚房裡，胡椒都是非常普及的香料，價格便宜，卻又能為我們的餐食帶來迷人的香氣與美味。不過，你想過嗎？要是古代羅馬人或是阿比諾尼那個時代的威尼斯人，穿越時空、來到現代，看到我們用胡椒的方式，一定會大吃一驚，對我們用胡椒的大手筆感到驚奇。

胡椒是世界上最古老的香辛料之一，有著非常悠久的歷史。考古資料是這麼記載的：在史前時代，印度人早已知道利用胡椒來調味。西元前二十世紀，印度的西南部地區，也有種植胡椒的紀錄。兩千年前的埃及人也用胡椒，從金字塔的考古遺跡發現，當時的法老王還有富有的人會用胡椒來當陪葬品。羅馬時代，有貴族被蠻人擄去，要贖回肉票，珍珠、黃金是派不上用場的，放人的「贖金」，是一袋胡椒。四〇八年，羅馬被西哥德人圍城，將領亞拉里克（Alaric）要了金銀財寶外帶三千磅的胡椒當作退兵的條件，羅馬人乖乖付贖金，但羅馬城終究淪陷。到了中世紀，胡椒變成東西貿易的主要商品，價值等同貨幣。之後到了中世紀，掌控胡椒貿易的是阿拉伯人，歐洲人必須透過威尼斯商人的仲介才能買到胡椒。也因為如此，威尼斯商人各個靠著胡椒，口袋賺得飽飽的。當時，黑黑一小顆的胡椒不但被稱為「黑金」，也被稱作「天國的種子」，價格水漲船高，是非常重要的貿易商品。

胡椒不但在西方深受喜愛，在東方，胡椒也是很有身價的一種香料。在漢朝，皇后的香閨，有個很美的名字，叫做「椒房」：因為皇后房間的牆上不塗油漆，也不貼壁紙，而是用「椒」貼滿整個牆面，讓房間充滿溫暖的香氣。這椒有不同的說法，有些資料說是胡椒（想像貼滿五色胡椒的燦爛牆面，多美），但更確切的也許是花椒，因為《詩經》裡用花椒來形容身型壯碩、生育力豐沛的女人；在秋天果核爆開時仔細觀察花椒的果實，露出的圓球型的漿果，兩兩成對、昂揚外放，十足明顯的雄性象徵。

讀著胡椒的故事一卷又一卷，我夢想睡在椒房、貪幻著阿比修斯巧手變出一道道胡椒料理。但幸好現實生活裡為我築愛巢的，是暖男老公，而不是'tutto pepe'的胡椒火爆漢子。

《聯合報》聯合副刊，2018年7月31日

乾麵

夏夏

作者簡介

著有個人詩集《德布希小姐》、《小女兒》、《鬧彆扭》及編選《沉舟記—消逝的字典》、《一五一時》詩選集、《氣味詩》詩選集。小說《末日前的啤酒》、《狗說》、《煮海》、《一千年動物園》。戲劇作品《煮海的人》、《契訶夫聽覺計畫》。

趁著早市未歇，停好機車，便匆匆鑽入巷內。和真正的婆媽高手相比，這時候來買菜都嫌晚了。準備收攤的老闆將果菜隨意湊做堆，一籃五十一百的隨便喊價，加減賣。我先到麵鋪買細麵，一包六把五十，價錢不比從前了。再到肉攤切腱子肉、絞肉，經過賣魚的瞧見老闆招魂似向我揮揮手，捱過去買兩片虱目魚肚，在旁邊的豆腐攤揀了一袋油豆腐，又到常去的菜店挑選，最要緊的是買到豆芽菜。才一眨眼功夫，兩手已經掛滿，提醒自己得克制點。離開前，想起忘了韭菜，就近在巷口的攤子揀一小把，買貴了。

牽了機車，心不在焉地騎回家，滿腦子淨想著到家後要怎樣怎樣地張羅。

閒來無事時，我和Y經常聊乾麵。特別是高雄的乾麵。

婚後住在這座幾乎是由外地人組成的城市，居然就找不到一家合我們胃口的麵店。要嘛是麵條不對，要嘛是配料不對，最不對的就屬那鍋肉燥，顏色味道通通不對。在我們心中，最正確的是逮到機會就想回去一趟，坐在騎樓面對著寬敞的馬路，肉燥滷成深褐色，最好是麵上擺兩片大骨湯滷的白切肉片，開動前且要淋上一圈烏醋，再拌點岡山豆瓣醬的，那碗乾麵。

為了解饞，不知多少次，買了絞肉自己滷，雖然總是差一點點，都好過住家附近那些四不像的乾麵。這回還打算做得更道地些，試著滷那兩片畫龍點睛的肉片。一進廚房，就先熬高湯。

雖說都是高雄乾麵，我家在偏南的鳳山，Y家則離柴山山腳不遠，我們各自心中的那碗麵，又有些許的不同。

我的第一碗乾麵，是離家只隔了一條稍不留意便會被忽略的小橋那端，朱媽媽乾麵。鳳山地區由於日本時期被選作南進基地，國民政府來台後，幾所軍校仍留址原處，故有不少早期落腳此處的眷村家庭，或後來相繼出現的軍人家庭。父親在眷村長大，自然選擇從軍的路，軍旅生涯常年駐守外地，母親一人帶著姊姊和我，也就不講究三餐都要開伙。中午時，母親領我們到朱媽媽那吃乾麵。朱家的客廳闢為美容院，二女兒一個人包辦洗、剪、燙髮。若是遇到晚上要吃喜酒，姊姊和我就難得可以坐上美容椅，把頭髮綁得又整齊又紮實，就算睡了兩天也不會壞掉，等到要拆開來洗的時候還痛得哇哇叫，母親對朱二女兒的這門手藝很滿意。朱家的騎樓則擺了幾張桌子，對著路邊架起一口爐子，就是朱媽媽和大女兒賣麵的店面。印象中，母親幾乎都在爐邊和朱媽媽聊天。也難怪她一個人帶著兩個稚齡的孩子整天在家，只有這時候能出來透透氣，找人說話。我總是點乾麵，因此麵攤還賣了什麼絲毫沒有印象。一碗麵的完成，從伸手抓麵條扔進滾沸的鍋裡，再丟一把豆芽配韭菜，漏勺在湯裡攪兩三圈，算準時間馬上撈起。這時候碗裡已經盛好了少許大骨湯、一把鹽、一撮味精，麵填上後，再澆一杓肉燥，前前後後不過三兩分鐘。麵燙，肉燥鹹香，即使我從小就以「壞嘴斗」讓母親頭痛不已，也能三兩分鐘吃個精光。

後來父親自軍職中退伍，找了份大樓管理員的職務餬口，出門工作時連提包都不用帶，只拿了一本書放在摩托車前面的置物籃就成了，不過常常得值夜，倒是挺累人的。我們一家四口只在週日晚上難得外食，多半是到附近菜市場收攤後，租用晚上鋪位的麵攤。傳統市場的黏膩、濡濕，在休市熄燈後的夜間更甚。整座市場裡頭靜悄悄地，只有幾隻貓無聲穿越，空無一物的攤位殘留著白晝躁人的溼氣與菜肉腐敗的熏鼻氣味，每令人暈眩。麵攤在市場口，像是整片黯暗宇宙唯一發光的太空艇，拖曳著身後一片濃黑。老闆叼著菸獨守攤位，一張臉像被浸泡在黑夜的菜市場給染了色，頭上一盞臨時吊掛的日光燈將額頭與鼻頭的油光又照得過亮。爐子邊的砧板亦是深沉的黑褐色，豆干、海帶、滷蛋，皆同色，只有菜刀隨刀鋒起落閃著銀光。摺桌和圓凳當然破舊與髒汙，烏醋和豆瓣醬的瓶口堆積陳年污漬，胡椒粉的洞口更是堵塞得險些倒不出來。我們圍著桌邊吞下一碗碗的麵，幾乎無語。那幾年，聽說是台灣錢淹腳目的好年，偏偏我們家就是搆不上轟然前進的班車，每每拮据度日。父親辭去管理員職務後，轉到工業區當警衛，只是路程更遠，偉士牌摩托車一騎就要一個小時。那裡聽說是帶動高雄繁榮的重要項目，但繁榮這個詞對童年而言太過抽象，直到有一回過傍晚，因為迷路，我們一家人四貼騎著再過幾年就要淘汰的摩托車，還在離家很遠的地方尋路。擠在母親懷裡半夢半醒間，瞧見遼闊的前方突然出現一座座如城堡般雄偉的廠房，燈火輝煌好似夢中的宮殿。當時還不懂得，那通亮燈火燃燒的是高雄人多年的勞苦血汗，更不知那燃燒後排放出來的不只有轉瞬即逝的榮景，還有對健康有害的浮塵。

國中時，已獲得自由外食的機會。家裡不開伙的日子，就捏著母親給的銅板到巷口，依舊是買乾麵。那個攤位早晨賣飯糰三明治，攤主是一樓店面開書局的，那年頭的書局不賣真正的書，只賣參考書、字典和文具。緊鄰攤位的一隅，另租給供水站。晨間的早餐攤，晚間改由一對中年男女擺麵攤。女的身材高挑，一頭長髮綁馬尾，掩不住的風姿。男的矮小，其貌不揚。從外貌論，兩人實在不搭，不過一起守著攤子，又顯默契十足。他們的麵香，香在拌豬油，卻又不會搶了兩片腱子肉的淡雅鹹味。一碗麵二十元，剩下的錢還能再買杯二十五元的珍珠奶茶當飯後甜點。那時候父親已轉職到連鎖量販店當警衛，每日八小時站在車道入口指揮來車，被迫吸著過多的廢氣，而我們家那時候才好不容易剛從熟人手中分期購入第一台汽車，勉力過上小康生活。下班後，沉默最能表達父親的疲憊，就如同高雄的水質也在多年的奮鬥與壓榨下，已不堪負荷。一時間高雄地區買水風氣盛行，山間常見盜水者自架的塑料管盤據，又常聞坊間賣的山泉水其實是盜抽地下水。再貴的水，都有人賣，但不是人人喝得起。尋常家庭沒有能力求證水的來源，只能盲目跟風，我們添購兩只二十公升的水桶，就跟著人家到處買水。晚餐後，父親總默默地提著水桶到巷口那處供水站，用幾個硬幣換取一家人兩日的飲水以及想像的健康。

幾年間，書局老闆在一個夜裡突然心臟病猝死，沒多久後麵攤收掉，這才聽說這對男女原是恩客與舞女，兩人洗盡前塵為愛走天涯，攤位連同店面易主為鴨肉冬粉，書櫃拆了擺冰櫃放鴨肉。父親也在我高中畢業後轉覓他職，終於能做點辦公室裡的工作，不用再灰頭土臉討生活。昔日熟悉的高雄車站在地下化工程推動下被拆除淨盡，原車站建築暫且移置不遠的空地，等待新站落成後再遷回。一道連結青春回憶的入口就此被封印，進入漫長的蟄伏。

這幾年再回去時，多半和Y同行，他家正好在父親當年辦公室近處。公婆習慣天亮即起，我們睡得較遲，掀開窗簾一角，外頭是高雄飽滿的寧靜與悠閒。起床後到附近菜市場先來一碗保麗龍碗裝的大份量肉燥飯，加上滷三寶─貢丸、海帶、滷蛋，兩人合吃就已半飽。再稍閒晃一會兒，蹉跎著南方大好的晴朗時光，等到十一點鐘，令人期待的古早味乾麵才開張。

細麵，瘦肉為主的醬黑肉燥，點綴性的豆芽與韭菜，是乾麵的基本原形。據說這一款乾麵是俗稱的「外省麵」或「切仔麵」。切仔，是指瀝麵的漏勺，「切」則是滾水川燙，上下甩動瀝乾之意。乾麵是台灣各地常民小吃，變化極豐，各種口味都有擁戴者，許或也指涉著一段私人的情感。在這碗樸實的麵裡，撐起了許多家庭的生計，也用最簡單實在的方式餵飽打拼的人們。

煮肉燥時，從來不根據固定配方，我依賴眼、鼻、口，一邊調味一邊回想記憶中的味道，執著地相信唯有此法能召喚已逝的時光。

那日返家後，迫不及待將買到的物料均下鍋滷製，一下午毛毛躁躁期待著，不時偷偷掀開鍋蓋察看。待晚間Y回家後，端上忙了一天的成果。可惜樣子對了，味道還是不對。壞就壞在貪心，想一次吃齊家鄉的滋味，結果滷物的味道過於紊雜，失了單純。但我也知道，下回我仍會不死心地一煮再煮，煮那一碗心中最嚮往的乾麵。

《聯合報》聯合副刊，2018年9月21日

沒有客人的晚餐

張曼娟

作者簡介

張曼娟，東吳大學中文研究所教授，張曼娟小學堂創辦人。創作出版超過三十年，著作約五十餘本，以小說《海水正藍》成名，以散文《我輩中人》開創中年話題。喜歡孩子、寫字、料理、旅行和電影，對世界抱持著樂觀溫暖的想像。

近來喜歡在國外開車旅行，並住進預先訂好有廚房與餐廳的民宿。入住之後，便駕車到附近超市去買食材，因為是西方超市，無法期待能買到什麼樣的食材來炊煮晚餐，充滿未知的挑戰，讓一切更加有趣了。我們站在並不熟悉的蔬菜面前，想像著這可以怎麼料理？站在冷藏肉櫃前討論著，今晚要吃牛排或是醃豬肉？當然也要從琳琅滿目的各式湯罐頭裡，尋找今晚煮一鍋好湯的可能性。最終我們抱著兩大袋食物回家，有菜、有肉、有水果，有麵包、義大利麵和沙拉，還有旅伴們喜愛的洋芋片或啤酒或紅白酒。

回到像家一樣的居處，大家捲起袖子穿梭於廚房，每個人都能找到事情做，洗碗盤、洗蔬果、開罐頭、預熱烤箱、燉煮好湯，沒有一個人閒著，齊心協力為著豐盛晚餐而努力。餐桌與廚房相連，並未隔開，料理好的美食擺上桌，散發著熱氣與香氣，誘惑著我們。等到所有的菜餚都上桌，我們坐下來，心滿意足的舉杯說：「Cheers!」善於精算的年輕旅伴突然說：「你們知道嗎？我們這樣一餐比餐廳的小費還便宜。」引來一陣歡呼，大家繼續舉杯。

我想到小時候，父母在家裡請客的那些回憶了，也想起為什麼我一直不喜歡客人來家裡吃飯。雖然沒有魚翅、燕窩這一類的上好佳餚，但是，父母親款待客人也是盡心盡力的。前一天就先一趟趟的從市場運回食材，該泡的海參、香菇和干貝提早泡上，那種緊繃的氣氛隨即展開。請客當天，父母把自己關進廚房，熱鍋與抽油煙機轟隆隆的響著。客人當然都被請出廚房，去客廳坐著喝茶聊天，每當我想進廚房打個雜，也被父母趕出去陪客人。他們的臉色陰暗，滿頭大汗，因為壓力大，三不五時的起爭執，鍋鏟砰砰的擊出火氣，雖然如此大肆張羅，卻還煩惱客人是否滿意？廚房內與廚房外是兩個截然不同的世界。

我無法進廚房與他們併肩作戰，又無力融入客廳的言笑晏晏，因此，對這樣的情景感到憂傷。如果，這是同心協力準備的聚餐，沒有所謂的客人，每個人都能找到事做，在歡笑中料理，在彼此感謝中進食，該有多好？

《蘋果日報》副刊，2018年9月29日

水果

挖耳朵

王盛弘

作者簡介

王盛弘，彰化出生、台北出沒，寫散文、編報紙，文學獎與各類文學選集常客，多篇散文入選大學通識課程教材、高中國文課本，著有《花都開好了》《大風吹：台灣童年》《十三座城市》《關鍵字：台北》《慢慢走》等十本散文集，主編九歌《一〇六年散文選》，目前為聯合報副刊副主任，曾獲報紙編輯金鼎獎。

自以為不是個貪吃的人，但也曾經為了吃而與人起過爭執，那是六七歲還是八九歲的事情呢我也記不太清楚，可以確信的是，已經不是不懂事的年紀了。

清明時節，遠房親戚回竹圍仔掃墓，是一年只見這麼一回的，爺爺的堂兄弟之類的長輩，叔伯打起招呼來似乎回到童年時的稚氣，姪孫輩的我依著大人指示，怯生生地學舌喊伯公叔公。要常回來啊，囡仔都不識你們了，大人們親暱地寒暄著調侃著。

掃完墓，照例要圍一張大圓桌食中晝，碗盤撤去後，那年端上的是一盤番茄。拳頭大的黑柿番茄每顆四刀切成八片，一起上桌的還有一隻白瓷碗的蘸醬。這是什麼啊有人發問，有人回答「吃看看」，語氣小心是「獻醜了」的意思。

叉起一片番茄，在蘸醬裡翻個身，送進口中。嘴裡首先炸開的是薑末的辛香，醬油膏與白糖則調和出一脈鹹鹹甜甜的甘醇，不僅掩去黑柿仔特有的草菁味，還凸顯出漿果的口感。大受歡迎呢，都說沒吃過，一邊低呼好吃好吃一邊囫圇吞下。我嘴中嚼著，同時望向盤裡，轉眼間只剩下了一片，腮幫子還鼓鼓的我便急伸出手去，同時卻有另一支牙籤叉上同一片番茄，我喊我先的，而對方，遠房親戚一個年紀跟我差不多大的孩子，一張臉發皺，快哭出來了。

大人見狀，哈哈大笑，他的父母勸他讓，而我的父母勸我讓。他是客人啊怎麼可以跟客人搶呢？說著，母親用力拍了我的手背，一痛，我便鬆開了手。多大了，就這麼愛吃，也不怕人家笑？客人離開後，父親發起脾氣。

番茄不是什麼稀罕的水果，但是七〇年代，它的品種並不像現在這樣繁多、命名這樣花稍。那時候吃的多半是黑柿番茄，去蒂、洗淨，用食指在蒂頭戳個洞，塞進一顆酸梅，以酸梅的酸甘甜調和番茄的生澀（酸梅有兩種呢，一種淡粉色，肉厚，鹹中帶著甘甜，一種磚紅色，籽大肉薄，又鹹又酸），誰知道還有這等奢華的吃法，祕訣就在那一碗蘸醬。飲食的撞色美學、衝突美感，討喜的滋味讓味蕾牢牢記住了，然而再吃到它時，竟已經十年過去。

大學聯招放榜後，我北上準備重考，補習班位於南陽街，而教學大樓在館前路，二至四樓是學生宿舍，五到八樓為教室。教室裡，身體與身體靠得很近，心與心卻離得很遠，走道上擦身而過，交換的只有空洞洞的眼神。瘦小、斯文的班導師武裝起口氣，像出賽前賞拳擊手巴掌以激起他們的怒意與鬥志那般的，告訴我們：轉頭看看你左邊的人，再轉頭看看你右邊的人，他們是你的朋友嗎？不是的，他們都是你的敵人，你坐在這裡，為的就是要擊敗他們。

但我還是有個可以說上幾句話的朋友，他叫曾建豪，曾建豪露出淺淺的微笑，緩緩地說：我有六個女朋友。這六個女朋友就是——國文、英文、數學、歷史、地理，還有三民主義。那還是個要考三民主義的年代呢。

每天一大早，學生們帶著尚未脫身的夢境，在一樓排長長的隊伍等電梯，同班同學裡有個鴿子若是看見我，常邀我一起爬樓梯。尾隨著他，他在每一個轉角停下腳步催促我，快點啊快點，當我喘著氣趕到時，他又已經在下一個轉角了。飄浮在空中的是毛茸茸的羽翮嗎？他是鴿子他用飛的我怎麼追得上。有時，他並不邀請，逕自加快速度與我競賽，學生很多，電梯每回開門關門要花費許多時間，常常鴿子比我還要早進教室，得意得像隻驕傲的小公雞似的，頰上泛著深深的紅暈，更襯得其他人一臉白熾燈光烙下的蒼白。

補習班沒有排座位，但很快的，每個人都形狀略有差異的拼圖般地，塞進固定的位子，鴿子就坐我身邊。他若沒跟上授課節奏，也不問一聲便拉過我的教材去抄筆記，有時就直接湊過頭來，身上的熱氣讓我起一手臂雞皮疙瘩又緩緩散去。有一天，那是二月中旬我記得，他推來一張紙條，紙條上寫著，下課後陪我到後火車站吧。

下課了，我與鴿子相偕沿館前路走到台北車站，買了月台票，走上天橋。夜幕驀然降下，世界一片透明的深藍，鐵路地下化工程正在進行，舊的火車站已經拆去，而新的尚未落成，這是個臨時車站，四圍景觀略有點雜沓、急就章。春節接近尾聲，火車進站出站吞吐著魚汛般人群，月台是為了離開月台，天橋是為了穿越天橋，誰和誰都只是經過。

記憶裡的天橋不合理的高、的窄、的長，三十年後我仍能以當年那具瘦稜稜的身體丈量它的高，它的窄，它的長。穿過天橋，是後車頭，始終緊緊捏在鴿子手中的一片報紙小廣告已讓他的手汗濡濕，我們循址找到唐鈺泌尿科，站在門前時鴿子有點猶豫，為難地看著我，我朝他點點頭表示支持。

醫生沒有多說什麼，只是指示鴿子將褲子解下。我別開頭去。聽見醫生說，往後拉看看，會痛嗎？勃起時可以露出來嗎？嗯，好了，褲子穿上吧。我這才轉過頭來，鴿子正在紮皮帶。醫生以拇指說明手術方式，又報了價，問：決定了嗎？鴿子點點頭，木愣愣的，沒有了平日的調皮。醫生看看手錶，和善地建議：吃過了沒？這樣好了，你們先去吃晚飯，也考慮一下，如果還想做，再回來找我。

稍晚，又買了月台票，走上長長的天橋。我試探地問，痛不痛？鴿子搖搖頭，又是他常有的爽朗語氣：不會，他先幫我把毛剃掉，再打麻藥，好像被橡皮筋彈了一下，過了一會兒還有感覺，又打了一針，接著就坐上手術檯了，聽得見剪刀器械碰撞的聲音，但一點知覺都沒有。我好奇，醫生有說手術後要注意什麼嗎？鴿子回答：醫生交代，傷口痊癒前，如果有反應，就用指頭輕輕地挖耳朵，挖著挖著就沒事了。說著，他故意以食指挖起耳朵，兀自笑了起來。

鴿子打算到我住的竹林路91巷48號頂樓過一夜，他是東部人，住台北親戚家，沒有太多隱私。兩人搭上259路公車，八九點鐘，車子塞在中正橋上，橋下溪水淅淅流逝，鴿子附我耳際咕咕叫著痛，好痛，咕咕咕。他的額上冒著細細的汗珠，身體在微微地顫抖，我想請誰讓位給他，還沒開口便有人空出了位子。一到竹林路口，兩人落車，趕緊進橋頭便利商店要了一杯白開水，讓鴿子把止痛藥服下。

隔日，兩個人都還睡著，屋外鞭炮聲一波波炸開，大年初九天公生。鴿子的臉埋進兩臂就像鴿子的頭埋在翅膀裡，他說，這是在慶祝我的成年禮嗎？

就是那一天，看著鴿子痛到話都不說了，我想起小時候曾為了吃它而與人起過爭執的番茄切盤，如果要以食物療癒誰，那是我唯一能夠想到的。便去了市公所斜對面的市場找啊找好不容易找到幾顆黑柿仔（嘸對時啦，一名攤商告訴我），一小塊老薑是菜販送的，又在樓下蘇興商店買小包裝白糖與一瓶醬油膏。水果刀是有的，但是沒有砧板怎麼辦？敲敲門跟住對面的游文文借了一面，放在書桌上忙亂一番，終於端出記憶的番茄切盤。有點得意呢我，叉起一片在蘸醬裡打個滾，遞給鴿子，「吃看看」，一時有種感覺，感覺自己是個大人了。

原來，把自己想吃的、想要的，請別人先享用，這就是學著當一個大人。

第二天一大早，我又排在長長的隊伍裡等電梯，鴿子出現了，他沒有像過去一樣打手勢邀我跟他一起爬樓梯，而是認分地排進隊伍；電梯裡，當他看見我發現他假裝不經意地挖耳朵時，我們交換了一個只有彼此才能懂得的微笑。

《自由時報》自由副刊，2018年7月16日

媽媽的水果規矩

王聰威

作者簡介

一九七二年生，高雄人。高雄中學、台大哲學系、台大藝術史研究所畢業。

身為小說家：曾獲巫永福文學大獎、中時開卷十大好書獎、法蘭克福國際書展選書、台北國際書展大獎決選、台灣文學獎金典獎入圍、宗教文學獎、台灣文學獎、打狗文學獎、棒球小說獎等。

身為雜誌人：現任聯合文學雜誌總編輯。歷任台灣明報周刊、marie claire、FHM等副總編輯。聯合文學雜誌在其主導的大規模改版後，於二〇一六、二〇一七年榮獲金鼎獎年度雜誌大獎、最佳雜誌美術設計獎。

著有長篇小說《生之靜物》(另有日文版《ここにいる》)、《師身》、《戀人曾經飛過》、《濱線女兒——哈瑪星思戀起》、中短篇小說集《複島》、《稍縱即逝的印象》、散文故事集《編輯樣》、《作家日常》、《中山北路行七擺》、《台北不在場證明事件簿》、詩集《微小記號》等。

家裡附近的傳統市場周末忽然來了一攤新的水果攤，佔了原本賣雜貨五金的攤子的位置，不過雖然說是水果攤，其實也光賣鳳梨而已。看起來是一對夫妻經營，老公有點笨手笨腳的，慢了把太太已經殺好的鳳梨給客人，客人只好說：「我待會再來拿。」但老公連這句話也沒聽到，匆匆把鳳梨裝袋後提在空中，大聲地問：「這是誰的鳳梨？」沒人回答他。太太很生氣，一直唸著：「你看，你看，都是你，都是你。」接著轉頭過來看著已經站了一會兒的我，「請問要什麼嗎？」

「我不喜歡吃鳳梨。」我沒這麼說出口，我不喜歡現在的鳳梨品種，實在改良得太甜了。

我最喜歡的水果是芒果，但不是夏天熟了盛產的金黃芒果，而是春天綠白的芒果青，而且一定要是土芒果的芒果青才行，可以握在掌心裡的橢圓尺寸，皮又薄又硬，削皮時有咻咻的清脆聲，也非常難握緊所以容易削到手，就算是媽媽也會，幸好媽媽的手已經長硬繭到不怕削皮刀的程度了。媽媽會到市場買適當早早吃完的份量，堆在流理台裡一顆一顆削好，剖半去籽，依照她的正統規矩，習慣了沾蒜頭醬油吃，（把蒜頭拍扁放入一般醬油裡）又脆又酸又鹹又蒜味十足的。本來以為是我們家獨特的吃法，有次去了住燕巢的高中同學家，他們家媽媽端出來的也很類似，不過把一般醬油換成了醬油膏，還加了糖，結果變成了又脆又酸又鹹又甜又蒜味十足。這幾年，我在台北見到有人賣其它品種的芒果青，但明明是芒果青，皮偏軟不說，咬起來既不夠脆，還有模模糊糊的甜淡果香，給人一種小孩子裝大人的感覺，不由得皺眉對它說：「為什麼不好好地當芒果青就好了呢？夏天還沒到啊。」

「但是夏天真的到了你怎麼辦呢？」我可以聽見真正的芒果青這麼喊著，「我可沒辦法陪你到夏天啊！那時候我已經變成芒果了。」

沒有芒果青就沒有芒果青啊，夏天到了，我還喜歡吃很沙很沙的大紅西瓜和李子，不是那種大顆多汁的進口香甜紅肉李，而是又澀又硬，有著尖銳酸度的桃接李，會讓人整個臉皺在一起，咬起來卡卡響，進了肚子非常割胃，怎麼說呢，就是非常生，非常令人感到生的存在。就算這些都沒得吃，我也喜歡吃檸檬片，把生鮮檸檬切成一片一片圓圓的，沾食鹽或是甘草鹽吃。光這樣想，是不是頭皮就酸得發麻了呢？如果只吃晶瑩透剔的果肉部份就會酸成這樣沒錯，所以我都會連皮一起嚼進嘴裡，那麼就會又酸又苦，但也有檸檬的強烈香氣，像是嚼香草一樣，（做西式料理時，常常會削薄薄的檸檬皮增添香氣）不妨這樣試試看。不過，我這種嗜吃酸澀水果行為連媽媽也受不了，一看到我又在吃這些水果（事實上也都是她買的）就會說：「你是查某囝仔嗎？這麼愛吃酸耶。」像播錄音帶般重覆，話雖然這麼說，下次還是會幫我買，然後她也會為我想好，夏天沒有芒果青怎麼辦這件事。

四月底，熟悉的市場上已經快見不到土芒果的芒果青了，她會去市場做最後的芒果青巡視，運氣好能買到最後的幾斤。但是這個時候的芒果青跟盛產期的芒果青會有細微的差異，必須小心挑選。雖然乍看之下還是很堅硬綠油油的，尺寸也沒改變，一般人或許摸不出來，（我就摸不出來）但只要稍微軟一點點，媽媽一壓就會知道是「硬籽」。真正青脆的芒果青，裡面的籽小小一片又白又軟，非常容易剖半，幾乎沒有感覺，就算整顆咬下去，也只會有淡淡的苦味。但如果是「硬籽」就不行了，原本又白又軟的籽會變成像橄欖籽一般堅硬，嘴巴咬不動，刀子難砍斷，最重要的是，只要一硬籽，就算外表看來沒什麼不同，裡頭的果肉一定都發黃變軟，無法沾蒜頭醬油入口了。

為了讓我在漫長的夏天還有芒果青可吃，媽媽會從這最後一批選出狀況還可以的，大量地削好並切成長條狀，一部份用鹽醃，一部份用糖醃起來，分裝大大小小的保鮮盒放在冰箱裡冷藏，數量之多，可以好幾個人一起吃過一個夏天。我沒那麼愛吃甜的，媽媽後來就少醃，我愛吃鹹的，吃之前還會灑上甘草粉，又冰又酸又有中藥味，既可以當飯後水果，早餐拿來當醬菜配白粥也很開胃。今年，媽媽忽然一句話也來不及跟我說地過世後，我從醫院回家，打開她裝滿各類食材，整理得整整齊齊的冰箱，發現最深處有她提早醃好了的，足夠讓我渡過今年夏天的芒果青，但她沒有跟我說，所以我想，她大概想等我有空從台北回高雄時，給我一個驚喜吧。

「請問要什麼嗎？」鳳梨太太問。

「我不喜歡吃鳳梨。」我沒這麼說出口，我之所以站在這攤子前面，並不是為了買鳳梨，而是為了攤子上擺了幾包鳳梨心，對我來說，如果這世界上有什麼水果差一點點就比芒果青好吃，那就是鳳梨心。沒有鳳梨果肉那麼甜膩，只有淡淡的酸味、薄薄的香氣，以及耐嚼的纖維。

「這是鳳梨心吧！」我說，「一包多少錢？」

「呃，那個不用錢。」鳳梨太太露出困擾的表情，「但要買鳳梨才送。」

距離我上次吃鳳梨心，大概是小學中年級的時候了。有個騎腳踏車的小販，後座放了個藍塑膠籃子，蓋著紅白色毛巾，裡面只放兩種東西，一種是芒果青，一種是鳳梨心，（都是生鮮的，不是蜜餞）一星期可能有一次左右，會來我們小學後門賣。等到放學人潮散去，老師走掉，我若是身上有錢就會去買一包鳳梨心。為什麼不買芒果青呢？我大約記得是太貴的關係，鳳梨心倒很便宜，切成一片片圓片包在塑膠袋裡，掌心大的一小袋，好像是三塊錢，超過手掌大的大袋，鳳梨心則會切成長條狀，五塊錢。我通常只買得起小袋裝的，灑入附送的梅子粉，整包搓搓揉揉的，讓每片鳳梨心都沾上潮濕的梅子粉，心滿意足地，邊流口水邊吃掉。

媽媽不喜歡我吃鳳梨心，她嫌那種小販賣的東西髒，又用不乾淨的水，所以從不買切好的袋裝水果。她說，鳳梨心是鳳梨罐頭工廠機器挖空鳳梨中心後丟掉的東西，小販們去垃圾堆裡撿來，然後削片賣給我們這種沒錢的小孩，等於是免成本，用三塊錢買都貴，現在想想，我猜她大概是為了嚇唬我，才胡說人家是從垃圾堆撿來的。不過我家確實不是那種自己愛吃水果就自己去拿來吃的那種家庭，一律要媽媽準備好才吃，該削皮的削皮，該泡鹽水的泡鹽水，像是蘋果、水梨，該切成什麼形狀放好在盤子裡端出來，該搭配什麼佐料，比方說芒果青的吃法就是一種，像是蓮霧的底部一定要切成方形凹洞，將不漂亮的痕跡完全清除乾淨，還有不管家裡有沒有人在，都要準備好一家人的份量等等，各種水果媽媽都有規矩，沒照這規矩亂吃，就會被她白眼。但我從來沒學好這些規矩，即使有了自己的家庭，吃蓮霧的時候，也只是在水龍頭底下沖一遍，用指頭刮刮底部，便站在流理台前吃掉自己的一顆。

同樣的，我也沒遵守媽媽叮嚀過的規矩，我說：「好。」跟鳳梨太太買了一包切好的袋裝鳳梨，她讓我自己挑一袋鳳梨心，我挑了最大袋的，如果按照小學時的定價換算，大概要二十元吧，就是在這個時候，我想起了媽媽的各種水果規矩。

然後，等到今年夏天吃完媽媽提早準備的醃漬芒果青，我們家就再也不會有她的水果了。

《自由時報》自由副刊，2018年7月23日

那些跟鳳梨有關的

鍾怡雯

作者簡介

鍾怡雯，現任元智大學中語系教授兼系主任。著有散文集《河宴》、《垂釣睡眠》、《聽說》、《我和我豢養的宇宙》、《飄浮書房》、《野半島》、《陽光如此明媚》、《鍾怡雯精選集》、《麻雀樹》；論文集《亞洲華文散文的中國圖象》、《無盡的追尋：當代散文的詮釋與批評》、《馬華文學史與浪漫傳統》、《當代散文論I：雄辯風景》、《當代散文論II：后土繪測》、《永夏之雨：馬華散文史研究》等；並主編多部選集。

清明節過了，天氣還沒熱透，鳳梨已經尾隨梅子搶著要出場。這時鳳梨帶酸，香氣不足。熟得慢，適合供佛供母親。鳳梨由綠轉黃，總要擺上四五天，忽涼忽暖的四月，有時可放上七八天。移入冰箱，再放上一個月也不會壞。這時節太陽還很溫和，在清晨的微風中日光浴，每個冬眠的毛孔都吃飽陽光，全身暖洋洋，覺得人生真美活著真好。真正好吃的鳳梨這也在田裡吸收陽光的能量，儲蓄驚人的甜度。

立夏之後，五點出頭，太陽已經精神掛在東方地平線上。鳳梨這時候最好吃，香氣夠，醣份還沒飆到極致，一點恰到好處的酸，真是極品。入冬的胃痛，入春之後的鼻塞過敏，吃了這做足日光浴的鳳梨，好像慢慢緩解了。朋友胃痛多年，說我的經驗完全沒有科學根據，鳳梨讓胃酸分泌更多，胃只會更痛。這是醫療常識。治鼻塞過敏？還治失眠？她叫我別鬧了，要我留著偏方治自己就好，千萬別害人。

我的冬天癥候群連著兩年都是這樣痊癒的呀。陽光治百病，看那四月跟五月的鳳梨就知道，陽光對萬物有不可思議的效用。這叫自然療法，對我最有效。

其實鳳梨並不是我最愛的水果，只是每次見到都又忍不住要買，好像中了鳳梨魔咒。金鑽鳳梨在微酸時滋味挺好，帶綠微黃時放著，散發的香氣比味道迷人，比薰香精油還提神。切開來一次總是吃不完，水份多又甜，很飽肚，不愛甜食的味蕾三兩下就饜足了。放入冷箱，隔天又熟一些，甜一點，就愈難下嚥了。有時甚至熟得透出酒味，直接煮成鳳梨酥的內餡，根本不必加糖。

早些年還買得到土鳳梨，微酸微甜透清香，果肉白一些，滋味美妙，邊吃邊讚，太好吃實在太好吃了。馬來西亞的鳳梨酸得銳利，近乎野蠻。金鑽熟透之後色澤金黃透亮，蜜一樣，像泡過糖水。甘蔗、荔枝或龍眼本來就該甜，再甜也不嫌。可是鳳梨甜成這樣，是不是太過份了？

這讓我很惆悵。水果的清新來自酸，不酸的鳳梨，如何喚醒昏沉的靈魂？有幾次我還想滴檸檬汁調味。太甜的鳳梨做不好羅惹（rojak），也做不出母親風味的鳳梨洋蔥醋沙拉。鳳梨蘋果汁原來是絕配，如果用的是金鑽，變成甜上加甜，吃了血糖會飆車。

羅惹號稱馬來西亞版沙拉，除了豆芽、黃瓜、青芒果、鳳梨這些蔬果之外，油條、油豆腐、花生碎粒都是高卡食品，外加蝦醬（belacan）以及酸澀的羅望子做醬汁，這樣的重口味沙拉組合，像點心多些，跟輕食其實一點也扯不上關係。如果調醬的辣椒是指天椒，那就是味蕾的極限運動了，包管汗淚齊飆，連頭皮都濕一片，去盛夏的暑熱和濕氣最好。

生芒果和酸鳳梨為的是要讓蝦醬的重口味輕盈些，做羅惹的鳳梨，愈酸愈對味。我們家做的是簡易版，通常是假日的下午，吃完午飯有點無聊。如果家裡同時有芒果和鳳梨，那就快手快腳調製好沾醬，調出一個勁辣有味的下午。酸加辣，絕對提神，連午覺也省了。吃完母親發給我們一人一只刷子，要我們把房子外邊曬得發燙的水泥地刷洗乾淨。天下果然沒有白吃。

不是芒果的季節，採馬來人蒸魚用的酸仔替代。酸仔只有姆指大小，那碧綠色晶瑩剔透彷彿透光。千萬別讓這傢伙的可愛外表騙了。頂多吃三個，侵略性的酸，吃完牙軟肚空，肚裡的油脂悉數清洗乾淨，連胃壁都好像變薄了。母親總是說鳳梨刮胃，指的是它去油。鳳梨的酸相較之下很親民，抹點鹽，三兩口下肚，清爽又化食，最適合消化肥膩的豬腳或肥肉。其實，有鳳梨可吃時，我們哪管吃飽或空腹？有就吃，先吃先贏。飯後再吃？吃懊惱就有。

路邊水果攤另有一種獨特的吃法。鳳梨抹醬油和辣椒。很天才。屬於我的青春記憶，屬於居鑾。

在巴士總站等車時，我常光顧車站對面的水果攤。水果攤在書店前面，雜誌和書翻得差不多了，買片水果犒賞自己。水果攤只賣現切水果，生意很好，兩個人手很少有閒的時候，一個賣另一個負責切，濕淋淋的手同時收錢找錢。削好的鳳梨跟蜜瓜、西瓜和番石榴陳列在一起，光看顏色就悅目賞心。

我總是對鳳梨情有獨鍾。蜜瓜和西瓜甜不甜，要吃到嘴裡才知道，我不拿自己的味蕾下注。番石榴不甜還可以接受，反正灑梅粉，味道不會太差，是第二選擇。最愛鳳梨。鳳梨配辣椒醬油，刺激、古怪，卻很有創意，最適合昏昏欲睡的下午。切開的辣椒沾醬油刷鳳梨，來回刷個幾次，酸中有辣，真是夠味。赤道太熱容易昏昧，水果配辣椒真是天才組合，發明這吃法的人應該申請專利。有時上了車，癮頭來了，無論如何非吃到不可，便請熟識的司機先生等一等，搶在發車前的夾縫時間衝去買。

不知哪裡聽來的民間傳言，說鳳梨會下胎。高我幾屆的鄰居學姐，高三畢業前幾個月意外懷孕，跟我一起等車時總是吃鳳梨，一次兩片。那時一放學她便把白上衣拉出來，覆在肚子。終於掩蓋不住，不得不休學，悄悄結了婚，很不甘願的當了年輕媽媽。下胎果然是傳言，冤枉了鳳梨。

嗜酸可能會遺傳。母親嗜酸，我們家姐妹都無酸不歡。油棕園沒有夜市或攤販，訓練出母親一身好廚藝。她總是有本事變化出點心或零嘴，食譜多得寫一本書綽綽有餘。撇開糕點類，讓人牙軟的鳳梨洋蔥醋是母親的最愛，便宜，好做又速成。有了辣和酸這兩個不敗的元素，一定搶手。還加上嗆，吃得淚流。愈刺激愈搶手，擱在冰箱沒冰透就搶光了，晚吃的撈到鳳梨丁洋蔥末，邊吃邊罵人，不會留一口嗎？最後捧起碗喝下一口醋水解饞，又是擠眉又是弄眼，那表情叫過癮。

鳳梨外皮滿佈的坑疤叫鳳眼，沒削乾淨還會割舌頭。還叫鳳眼呢，實在叫得太美了。長出這些古怪東西，鳳梨根本就不想讓人吃。不管叫坑叫疤還是叫鳳眼，也不管那些眼睛排列起來多有藝術感，最終都要丟棄。台灣的鳳梨削法是把鳳眼連眼帶肉悉數削除，鳳眼愈深，削去的果肉愈多。馬來西亞式削法比較「惜肉」，但是費工。先把果皮切除，抓一下鳳眼的排列方式，採雕花式切法。鳳眼兩側各一刀，刀法好些，一次兩刀可剔三到四個眼，邊切邊轉鳳梨，完工後鳳梨爬著羅旋狀花紋。凸的是果肉，凹的是鳳眼溝，像藝術品。

麻煩嗎？一點也不。算過時間，五分鐘削一個。削完欣賞一下成品，慢慢再吃不急。

不知道是我對甜的忍受度太差，還是鳳梨改良技術大躍進，這幾年買到的金鑽覺得愈來愈甜，做鳳梨餅內餡可以不加糖，可真不是玩笑話。鳳梨酥做起來並不複雜，卻很多工。母親進入子女離家的空巢期才突然常做，說不定是沒事找事殺時間。

過完新曆年，吉隆坡的幾個妹妹開始「訂貨」，先講好數量，免得新年吵架壞吉利。不全是自家要吃的，還包括那些嘗過的朋友。妹妹說，你媽的黃梨餅很多人搶著要，還有人下訂單。鳳梨在馬來西亞叫黃梨，鳳梨酥叫黃梨餅，同樣的東西，黃梨餅聽起來像路邊攤的貨色，鳳梨酥就可以送禮了，檔次不同。

母親的耐心完全體現在做餅上。餡早幾天煮好，搓成小圓球先冷藏。餡做好，算完成一半了。黃梨餅只有姆指大小，是秀氣的一口酥。上頭用叉子壓出花紋再刷過蛋液，烤得金黃酥脆。新出爐時熱騰騰香噴噴，一口咬下，真是千金不換的幸福滋味。我不愛甜食，卻也無法抵擋那誘人的香氣，那一刻，做的人和吃的人都歡樂洋溢。

有一次我剛好回家，削鳳梨、煮餡、揉麵和烤餅全程參與，又累又熱，才明白光是殺時間，犯不著這麼折磨自己。更何況，患有類風濕性關節炎的母親，平時可是獨自作業的。

有一年冬天在歐洲旅行，約了小妹和妹夫在羅馬會合。小妹在巴塞隆納出差，妹夫從吉隆坡直飛羅馬，他最重要的任務之一，是把母親新做的黃梨餅帶給大女婿。沒太太在身邊，小女婿飛機上沒睡著，餅也忘了帶。大女婿一見面，客氣話和問候都省略了，直接問，我的黃梨餅？小女婿臉有愧色。忘記了，上飛機才想到。他一臉倦容，黑眼圈特別明顯。大女婿只好把埋怨和失落默默吞下去。

那是最後的黃梨餅。隔年母親過世，那時節，陽光正盛，鳳梨正當時。

這是大女婿生命中少有的憾事。他並不偏愛鳳梨，卻特愛鳳梨酥，三不五時網購一下，也不時要憾事重提。網購來的鳳梨酥沒忘記請岳母大人試試，問她味道如何，合不合口味。母親向來很給女婿面子，總是次次聖筊。

突然想起，供了那麼久的鳳梨，卻沒問過母親，台灣的鳳梨到底好不好吃？會不會太甜？決定擲個筊，問一下。

《自由時報》自由副刊，2018年7月29日

吃水蜜桃

黃麗群

作者簡介

一九七九年生於台北，政治大學哲學系畢業。曾獲時報文學獎、聯合報文學獎、林榮三文學獎、金鼎獎等。散文作品連續七年入選台灣九歌年度散文選，另亦入選台灣飲食文選、九歌年度小說選等。著有散文集《背後歌》《感覺有點奢侈的事》《我與貍奴不出門》、小說集《海邊的房間》，採訪傳記作品《寂境：看見郭英聲》等。

就算是西瓜，也聽說過有誰不吃的。儘管生長那麼努力，煙砂地裡結果，又鮮豔又清冷，又甜黏又爽利；儘管它把每個熱天午後的所有淋漓之致都占盡。但有種彷彿雷雨從泥土裡催打出來的青腥氣，某些人不喜歡。

或就算是荔枝，也聽說過有誰不吃的。玉荷包口感偏向委靡，桂味太脆，黑葉有熱帶果子常見的輕微瓦斯味道。而不管哪一個品種肉裡同樣容易生蟲，從核裡黑爛出來。運氣不好的時候，走路跌倒，起床撞到頭，嚼口香糖咬破舌尖，一掛荔枝買來丟掉一半。

可是好像沒有誰不喜歡桃子吧。桃子沒有什麼苦水，不大可能渺渺，也不大可能蒼茫。熟悉的漢文化典故裡它徹底是正大仙容，桃之夭夭灼灼其華。投以木桃報以瓊瑤。吃掉西王母的桃子立地再活三千年。戀愛中的彌子瑕咬了半個遞給衛靈公。二桃殺去三士時，也不覺得險惡，反而心想：「啊那兩枚桃子肯定是好得不得了吧……」《三國演義》鋪陳的金蘭之約，小說家讓張飛講一句：「吾莊後有一桃園，花開正盛。」於是長手臂，大嗓門，朱面膛，三個人就紅粉撲撲地結拜了……現在想想才意識這簡直萌到有點腐。

或說某個字眼，即使單獨不清爽，與桃子接枝，感覺一下子好很多。例如油桃，毛桃，一片憨甜。蟠桃不再是龍頭龍腦的樣子，呼出仙氣。美麗的則更美麗，夏初如果勤快上市場，可以買到一種早生品種叫做五月桃。五月桃，這樣念出來，口齒都五光十色，好像不必真去吃了它似的（當然，還是建議你真去吃了它的）。至於白桃黃桃，氣質清潔無比。

直到一年最苦熱焦燒之際，我所喜歡的水蜜桃就大出了。

吃水蜜桃是拿捏的事情，或者說，整顆水蜜桃都是各種關於拿捏的事情。例如說，不知何故，到今日它其實也不是特別昂貴，本地也多產，但就有稍微偏離日常指針的感覺，彷彿吃它不是吃它而是赴一個與水蜜桃的約會。有種意識上的拿捏。超市裡那些像神話故事裡摘下來的精選者，無須多描繪，即使在馬路邊，大暑之夜，見到一卡發財車，車頂支開涼篷，懸掛幾顆燈泡，白漆薄木招板聊賴刷上紅字「拉拉山水蜜桃」，也忽生優渥之感。

「今年好像還沒有吃水蜜桃。」

「嗯……」

每次都這樣說，不過一旦遲疑，車子已經過去。過了就過了，這沒有必要特地回頭。好像也從沒看到這樣的攤車旁出現主顧。

因為買一般還是在傳統市場買。攤子把它們一盒一盒打開，品相價格有上有下，級別各樣，落差很大，究竟吃到哪一個位置，才帖然而舒展，合於所謂享用的道理呢，此時不免斟酌，會想一下。這從來就不是花錢愈大愈好的事，有時接受貴價後的一咬牙，更顯出底襯的不自在與逼仄。桃子們背後七橫八豎著一些手寫的小標牌：「請勿隨意觸摸」、「請勿捏」。顧店的老闆見到有人流連，捏著筷子捧不鏽鋼碗走出來，嘴裡嚼滷蛋一樣（可能真在嚼滷蛋）招呼我們：「看看啊，要什麼。」

老實說，左看右看，都不是非常好看。天氣真的太熱，香蕉滿面衰老，西瓜腹內沉滯，水蜜桃臉色薄白。我們對他抱歉地笑一笑，意思到了，他沒說什麼，表情也不以為忤，碗筷放著，俯身將散亂的芭樂堆成塔。芭樂梗的葉子厭倦地掉下來。

水蜜桃好看在哪裡呢，水蜜桃好看在於它全身都是身體。這句話文理不通，但似乎非得這樣說不可。自然界為什麼有模樣這麼直白的物產，想想都覺得充滿幽默感，而且在夏季這種身體全面開放的季節，坦蕩蕩地結實出來，更是非常促狹。像皮膚，就連汗毛都模擬了；像頰腮，就連血色都模擬了；至於像大家最熟知的，帶有肉感的身體部位，則連左右的分野，都隱約一線凹弧優雅地模擬了。即使「請勿隨意觸摸」、「請勿捏」，也模擬了：確實是不適合自行其是地伸向不熟的他人的身體。身體當然同樣是考究各種拿捏的事情。

也模擬了熟。這裡說的熟不是那樣的熟。水蜜桃的熟，是說熟就熟，像一個人與另一個人的親近，它既是漸漸，它也是瞬間，當不可究竟的一閃出現，忽然就知道可以了，知道易瘀易傷地可以安心交給對方運輸了。所以，我其實討厭某種老式口吻，將女孩的青春生發，及其欲與被欲，借指為「熟了沒」（便也不提那系列經典港產電影了）。我是說，與其關心對方熟了沒，不如弄清楚對方認為你跟她之間熟了沒。如果答案為非，那麼生或者熟或者所謂的算不算過熟則統統不關你的事。

不過現實的水蜜桃熟不熟，有點關我的事。產季說過就過，還沒吃到好的，去進口超市看到碩大完美昂貴的，所謂的貴是說，牙齒深入它消流的體質時，心中難免會出現惜憾感。請別誤會，珍重食物很正確，我並不主張糟蹋。但那惜憾感確實是格格不入，讓人不敢欺負，就沒有買。水蜜桃好像很逗人欺負，愈鮮嫩可喜，就愈不想小心翼翼托住，要滿抓滿拿，用力捏一下，它就委屈出痕，大口咬它臉頰，它就流淚滿腮。淚水甜極了。（以及，你想一想《以你的名字呼喚我》裡的名場面……）「17塊一籃的桃子／

第4天就開始爛的夏天」，讀到此句時覺得17塊真是很有意味，確實能毫不心疼咬哭它們或擺爛它們，不去可惜它的嬌貴，甚至是有點淩厲對待它的嬌貴，才特別好吃。難道是，因為水蜜桃的樣子太讓人恍惚感到是同類、且太像人類裸露出情感的那一面，就不可克制地想要稍微殘酷嗎。

同時也不明白其矛盾：這麼脆弱不祚的，這麼艱於時光的，為何一向被視為福祿壽考。

可能最早編故事說給大家聽的那個人或者非人，厭倦於聽故事者眼中對生之幸福與幸福之永恆的無望猜想，也忍不住稍微殘酷了。若欲所愛想者如金如石，就偏偏以一種即融即解，馬上發黑的東西，拐騙你。

「有一個認識的水果商剛進很漂亮的加州水蜜桃，我訂一箱分一些給你。」

「好喔。」

所以過一陣子，還是有水蜜桃被帶來了。「我覺得還不能吃，你放一放。」對方說。

每晚問候水蜜桃。

「今天能吃了嗎？」「不知道，我去捏一下他屁股。」「今天能吃了嗎？我的已經能吃了，大概這裡比較熱。」「我的還不行。」「今天能吃了嗎？」「好像還不行。」「你怎麼知道。」「我有捏他屁股他屁股很硬。」

直到某天，在電話中間，對方忽然發現有異。「你一邊在吃東西啊？」「嗯我在吃水蜜桃。」「嗄可以吃了喔？」「啊對！我忘了跟你講，」我說，「已經熟了。」

我迅速地在兩、三天內把它們統統吃光，時機正好，甜到不可以，不能拖。這是壽而不壽之物，福亦非福之物，既矛既盾之物，可仙可腐之物。隨時就會好了也隨時就要壞了之物。故也難怪以來它總象徵於欲望，連繫於愛情。但我個人是覺得，欲望或愛情或萬壽成仙什麼的……每一樣，都不如盛夏回家，開冰箱，啃噬一整顆早上冷藏的水蜜桃。

吃時張羅狼狽，口舌消溶，手背亂抹嘴唇；吃完洗手，刷牙睡覺，摺爪就忘。明天早上要換百香果吃。

只有雙手，還不太甘願於已沒有那美麗雙頰能撫摸，所以，在指尖，偷留了水色蜜色桃色的，倏忽的輕香。

《自由時報》自由副刊，2018年8月20日

飲品

感官世界

平路

作者簡介

本名路平。出生於臺灣高雄，臺灣大學心理系畢業，美國愛荷華大學碩士。曾任中時晚報副刊主編、中國時報主筆、香港光華文化新聞中心主任，並曾在臺灣大學新聞研究所與臺北藝術大學藝術管理研究所任教。

當我專注於眼前這杯咖啡，由咖啡粉鼓起的高度、衝進鼻腔的氣味，以及水濾下的速度（跟咖啡粉粗細有關），大致可以估出等一下喝進口中的質感，包括後味有多麼悠長。

在家中沖咖啡，從電壺沸水開始，控制水溫到每一步的手感，屬於我自己神聖的片刻。不同的豆子，加上不同的焙法，有不一樣的沖法，我喜歡訓練自己的嗅覺，讓它更準確、更敏銳，聞得出些微的變化。

就為保持這一份敏銳？平日我習慣讓入口的東西相對單純，譬如說，刻意避免混成一團的醬料。譬如說，碰到之前沒嘗過而特別有滋味的新鮮香料，就細細品嘗、牢牢記住。

專注在味覺上，如同看得到神經傳輸至大腦的路徑。咖啡入口，味蕾先是歡騰回饋，接著多巴胺超量分泌。對了嗎？對了的話，下一口希望繼續、希望綿延，甚至在腦袋裡自動推播，還加上音樂與色彩……。

*

對待餐桌上的葡萄酒，我也是如此。

夏多內加一點海鮮，黑皮諾加一點乾酪，運氣好的話，那一瞬間，味覺上會突然出現特殊的變奏，對於我，每逢有酒的場合，心理上都在暗暗期盼這樣的瞬間。

等待的不是酒本身，而是酒加上食材的驚奇幻化！很難用語言描述，也曾試圖對著朋友形容它的妙處。我入神地說，當「那個瞬間」到來，味覺產生的變奏無從預期，如同探險，每次是不一樣的奇幻光景。

通常的狀況是，我眉飛色舞，盡力描述「那個瞬間」，朋友瞪著我滿臉不解。譬如好朋友嘉琪，有許多機會我們兩人用餐兼談心。每每看我舉起一杯酒，喃喃說自己在等待「那個瞬間」，聽我說多了，她開始表示羨慕這樣的感官經驗，只因為嘉琪是最體貼的朋友，這些年，無論我說什麼，她總是寬容加上鼓勵的隨我胡扯。

不只是咖啡不只是葡萄酒，我跟嘉琪說，其實我盼望的正是某種「天啟」時刻。與她一起聊天也常有這樣的經驗。遇上某個話題，講著講著愈來愈深入，每句話如有神助，我幾乎感覺到電波在腦細胞間奔流。那瞬間，我變成晶瑩剔透（通上電流）的一個人。

那瞬間發生了什麼？時間靜止，腦袋裡有音樂有色彩，用生理學的「共感覺」

（Synesthesia）來形容，波峰與波谷交互出現，各種感官繽紛穿行。它隨時可能到來，期盼中準備中，我平凡的日常充滿趣味！

《蘋果日報》副刊，2018年6月23日

宇治茶香

樂馬

作者簡介

一九九二年生，喜歡和朋友小酌，可能出沒於府城某海產攤、熱炒店、居酒屋。出版有長篇小說《流浪仙》、《鹿洲戰紀》、《太平妖姬．玉虛歌》。

曾獲二〇一六年POPO華文創作大賽幻想組佳作、第七屆蘭陽文學獎小說組佳作、第四屆奇幻金車小說獎特優、二〇一八誠品閱讀職人大賞年度最期待作家入圍等。

另有散文短篇小說散見於十四家報章雜誌。

到宇治已經是下午，雲雨來不及搭上列車，在南方獨自哭泣。清澈的天空很容易讓人嗅到種種味道，諸如清爽的空氣、河水潮濕的氣息，還有最饞人誘人的抹茶香。

提到宇治，必想到抹茶，兩者相依相存，深刻烙在人們的潛意識。宇治老街也不負所望，那些叫的出名號的抹茶牌子沿街並列，使饞客左右難擇。抹茶在中國是藥，飄到日本轉身成炙手可熱的茶品，它不僅是一種茶，亦為一個文化的代名詞。抹茶結合禪道，形成靜謐的茶道印象，清閒而從容，不許一刻焦躁。茶與禪的交融，更像人生追尋的縮影，說是喝茶，亦是參禪。

儘管宇治川湍急洶洶，宇治老街是悠閒的，站在街上望向河水，奔急的水聲和茶香宛若無解悖論，像是夾於矛盾，但兩者卻相得益彰，營造了適當的氛圍。顏色有互補，聲音景色也有，宇治川跟老街正是如此。

春日午後明媚，涼爽舒服，必須學會忙裡偷閒，擠出一些時間走近馥郁的老店，在這裡體會悠悠。而我們本為遊人，遊人過濾了種種煩事，帶上旅途最多的便是時間。走累了，看宇治川，倚著護欄看橋墩激起的水花，然後漫步，隨意進入一間幽靜的店舖。

抹茶風靡台灣已久，每間飲料店都找得到蹤影，也不只是單純的抹茶，它被做成各樣新穎飲品。受之影響，來到宇治便不免尋源，品嘗它去掉佐味的真正滋味。雖然我們是喝搭配點心的下午茶，傳統茶道則藏身一扇玻璃門後，相隔細白石舖砌的庭院，那裡多了一分拘謹。但這並不妨礙味蕾的探索。

不一會，茶點上桌，微苦抹茶與甜紅豆湯發揮互補，其實抹茶本就苦後甘甜，點了甜湯只因嘴饞。苦後甘甜的抹茶，似乎表徵苦盡甘來，餘韻縈繞喉間，也在品味人生。因苦，更能感受其甘。

記得讀國小時，學校曾舉辦過一次茶會，在班上先分好組再分別進去一間小房間。那是我人生首次接觸茶道。倒茶給我們喝的是穿西裝的中年人，而非我以為的和服，飲下茶吃了一塊精緻小巧的茶點，就哽著苦澀味出來。想當然爾，以那時年紀大夥都嚷著茶很苦，不好喝，甚難體會箇中意境。

彈指時光一紀，如今再飲，提煉出的不只覺得苦了。茶要沉澱，人生也當如此。

宇治川兩岸風光不同，此岸茶店林立，對岸則是神社，神居人居間搭著朱紅色的朝霧橋。立於橋上，更覺宇治川峻急，腳底似也感受洶流。

喜歡兔子後，對於兔子形象的事物便敏銳起來，因此聽說了宇治神社的兔子傳說，心裡很是興奮，自不能錯過宇治神社的神使兔。相傳宇治神社的守護神菟道稚郎子剛來時迷路，經兔子指引方向，因此宇治神社才會供俸兔子，成為神使。

神社外供人淨手的手水舍有隻奔跑兔子雕像，千年前的使者還在此引路。看來無論東西方，兔子大概都有導航的天性，愛麗絲不也被兔子引進樹洞，展開奇幻之旅？

神社旁都有賣御守跟神籤，這神籤很有意思，還能隨神社改變造型，宇治神社的便是陶製兔子籤，外型可愛討喜。不多想購了一隻，打開後發現是好籤，心中不禁雀躍，更覺得這地方可愛了。神社位置不高，卻能極好的眺望宇治的河流與街道，望天，望雲，望河，望橋，想望《源氏物語》最後的宇治十帖。宇治川是古老京都的美麗腰帶，流經悠遠迷濛的歲月，使駐足兩岸的遊人遙念平安時代璀璨輝煌。古今流意，煞是動人。

岸邊有男女並坐的雕像，不太清楚兩人身分，但雕像下刻有「宇治十帖」四字，應是後十帖主角薰之君和三位女角其中之一吧？

天色漸晚，遊人漸散又漸來，宇治開始迎接晚客，入夜後的宇治川肯定別有風貌。一層雲漂染霞彩，霞光不若朝霧橋耀眼的紅，以溫柔漫漫的步調吞沒藍空，坐在階梯，腳下川水輕拍，忍不住讓人想閉眼小憩一番。眼睛卻捨不得闔上，怕闔上了這片景致就煙消雲散，畢竟好夢易醒，但正因為醒了，才惜念夢中綺美。

落日冉冉，映起光輝，一抹斜陽變著魔法，點水成金，宇治川多了條蕩漾的金帶。

面對此象，總想寫點什麼當作留念，無奈文拙，只能附庸風雅，擺弄一下五七五的格式。

落日梅風香

浮金瀲灩捲塵囂

洶洶宇治川

寥寥三語，不成佳句，但心裡無法滿足，抒發了這景象帶給我的情緒。梅香茶香共馨，水色天色齊漾，織成三月的宇治。

鑲金的景色實在太奢侈，說不定我也是冥冥中被兔子引來，才有幸見到這方美景。

《中國時報》人間副刊2018年9月25日

深夜裡的，調酒遊戲

葉怡蘭

作者簡介

飲食旅遊生活作家。《Yilan 美食生活玩家》網站與「PEKOE 食品雜貨鋪」主人。寫作與研究領域橫跨飲食文化與趨勢、食材、茶、酒以及旅館與生活美學。著有《日日物事》《日日三餐，早・午・晚》《紅茶經》《家的模樣》《食・本味》《好日好旅行》《隱居・在旅館》……等共十八本書，部分並另發行簡體中文與韓文版。專欄、文章與攝影作品散見各地各大華文媒體。

近幾年，頗沉迷於自家隨手調酒——好像有點兒太沉迷了，若不稍微警醒克制，便幾乎夜夜耽溺歡飲，難能自持。

其實原本就有睡前小酌習慣。在家上班緣故，工作與休憩之間向來缺乏明確界線，尤其一忙起來，常常直過午夜還在電腦前奮力拼搏；弄得每每帶著滿腹重重心思心事上床，結果當然夜睡不安，長年下來疲憊非常……

於是，就這麼漸漸開始夜飲——目的非為靠酒精助眠，遂也不貪多，少少就這麼一杯；儀式一樣，藉此留出一段沉潛空白時光，徐徐淺啜、悠然細品，心靜心定，逐漸湧現的暖意與微醺裡，一夜安穩眠。

而深夜裡的這一杯，和平素餐桌酒很不一樣，雖也常佐搭些甜點餅乾巧克力等小食解饞填腹，但食物只是純然點綴，酒才是主角；故而，需求的是口感更豐厚圓潤、香氣滋味更飽滿醇甜、且更多些烈性的酒款；因此，愛飲的是威士忌、干邑、亞瑪邑以至波特、雪莉等烈酒或加烈酒。

近來尤為沉醉是調酒。執迷原因，回想起來，應與琴酒的全面崛起有關。短短數年內，各種各樣在地工藝釀造崛起，從素材、蒸餾、浸漬、萃取到調配，每一環節均有特色有講究，多樣繽紛百花齊放，令人目不暇給。

驚豔之餘，對酒向來好奇熱情且極度博愛如我，也隨之一步踏入而後著迷。尤其琴酒最大樂趣非為單喝而是調飲，能與各種搭配酒款和素材撞擊出多樣風貌滋味，更添風情。

於是就這麼觸類旁通、繼續跌入顯然更豐饒森羅大千的調酒世界，因而更進一步發現，不單琴酒，還有龍舌蘭、伏特加、蘭姆酒，甚至Vermouth香艾酒、利口酒等其餘酒類也各有學問奧祕，識之追之不及。

且不只酒款本身，調製配方、手法也多得是眉角可鑽研可追索，不管是經典款或是興之所至隨心隨手創意混搭，各種微妙細節差異都自成意趣：比方搖蕩或攪拌後酒液的溫度、香氣和空氣感變化，比方各元素組成比例之均衡與獨特性間的關連對映……

經驗多了，更逐步掌握了些許美味不敗原則：大致上就是在烈勁與甘潤、酸與甜、馨香與果味的交歡與撞擊間斟酌拿捏，於是慢慢越越能隨心所欲、信手拈來皆自得。

而一眾調酒中，最愛始終是馬丁尼。雖說對酒量不佳如我委實有點兒太「激烈」的酒款……但實在太心折於馬丁尼既濃烈又透明、既豐富又澄淨的香氣滋味質地，尤其曾幾次在國內外大師吧台前領略過那極度清澈又極度複雜的高妙高遠之境；遂就此傾心。

因而自家夜酒時分，最常登場的經典款調酒，也是馬丁尼。當然心知肚明曾經醉心的名匠之藝絕無可能企及，素人拙笨身手，樂在其中是，從方法到配方到酒款的排列組合配對遊戲：

比方搖盪或攪拌，一爽口一豐潤，都很好喝，但喜歡後者。基酒，琴酒多變、伏特加勁爽，偏愛前者。配方，則大多數採用三份琴酒＋一份香艾酒的古典組合，但當然也常玩玩其他比例和可能性。綴以橄欖或檸檬皮，一濃勁一清香，隨當時心情口味輪替。

琴酒，則無疑是此中關鍵核心，故而每有新酒款來家，定然先調一杯馬丁尼試味；不同琴酒、便成不同風致表情的馬丁尼，更加玩味不盡。

《蘋果日報》副刊，2018年9月26日

綜合果汁

米果

作者簡介

台南出身，熱愛小說與隨筆雜文書寫，網路重度使用者。曾獲府城文學獎、時報文學獎、林榮三文學獎。出版過《朝顏時光》《台北同棲生活》《一個人的粗茶淡飯》《濫情中年》《台北捌玖零》等繁、簡體中文、韓文版本共二十七冊。現為《新新聞》《蘋果日報》《天下獨立評論》《中學生報》《Nippon.com》專欄作者。

一直對冰果室那種現打的綜合果汁很有好感，可能源自於小時候如果乖乖聽話去剪頭髮，就可以在理髮店不遠處的冰果室得到獎賞，四果冰或現打果汁，二選一。

通常我會想選四果冰，但是被大人否決的機率大概超過七成五，剩下兩成五的成功率，取決於他們當天的好心情。相較之下，綜合果汁的勝率非常高，大人覺得不喜歡吃水果的小孩，起碼要喝果汁，而那時市售的包裝飲料，大概只有玻璃瓶的養樂多，跟馬口鐵罐的蘆筍汁，真是古老的年代啊！

冰果室的冰櫃裡面擺滿切片的水果，因為不想花太多時間思考喝什麼果汁，那就綜合果汁吧，感覺什麼滋味都可以嚐到。那時就只有很陽春的果汁機，要加很多水，很多白砂糖，打完之後還要用細網狀的漏杓，把水果渣濾掉，喝起來頗清澈。如果想要外帶，就是透明塑膠袋用紅色橡皮筋束起來，再插一根吸管。我們喜歡站在店門口，拿著冰涼的玻璃杯，一家人輪流喝幾口，然後玩起猜謎遊戲，猜猜綜合果汁裡面有哪些水果。綜合果汁的色澤都很美，很熱帶的感覺，可能是摻了很多糖，喝起來很甜，那時候還沒什麼養生概念，蛀牙倒是很多。

彼時街頭的冰果室很常見，畢竟是沒有連鎖咖啡館跟手搖飲料店的年代，冰果室的冷藏冰櫃還有那種彎曲如莽蛇狀的白色結冰管線，發出轟轟轟的機械聲。冰果室好像也是約會或大人談事情的地方。大約在國中那個階段，曾經陪班上男同學跟他喜歡的學姐一起去冰果室約會當電燈泡，好像是在台南小西門附近靠近友愛街口的冰果室，喝時髦的玻璃瓶裝可樂，也有一次在中正路沙卡里巴附近一家叫做藍鷹的冰果室，吃那種價造型華麗的香蕉船冰淇淋。

長大以後很少喝到兒時那種綜合果汁了，果汁機越來越進化，不加糖，也不濾渣，純粹喝原味，有沙沙的口感，最好加芽菜堅果一起打，有辦法補充一整天精力。木瓜牛奶或綠豆沙牛奶或許還受歡迎，有幾次在市場旁邊的現榨果汁店想要點一杯綜合果汁，店員問我，要加什麼水果，我當場就愣住了，還真的想不起，童年喜歡的綜合果汁，到底是綜合了什麼呢？可能是回憶吧！

《蘋果日報》副刊，2018年9月26日

鱈魚乾解酒湯

詹宏志

作者簡介

詹宏志，出生於一九五六年，南投人，台大經濟系畢業。現職PChome Online網路家庭董事長。電腦家庭出版集團與城邦出版集團的創辦人。曾任職於《聯合報》、《中國時報》、遠流出版公司、滾石唱片、中華電視台、《商業週刊》等媒體。並創辦了《電腦家庭》、《數位時代》等四十多種雜誌。

起草「臺灣新電影宣言」，策劃和監製多部臺灣電影史上的經典影片，包括侯孝賢導演的《悲情城市》、《戲夢人生》、《好男好女》，楊德昌導演的《牯嶺街少年殺人事件》、《獨立時代》，以及吳念真導演的《多桑》等。

著有《兩種文學心靈》、《趨勢索隱》、《城市人：城市空間的感覺．符號和解釋》、《趨勢報告：臺灣未來的50個解釋》、《閱讀的反叛－大致與小說有關的札記》、《城市觀察：新語言／新接觸／新文化》、《創意人：創意思考的自我訓練》、《如何使用百科全書》、《詹宏志私房謀殺》、《偵探研究：Study in Detective》，散文集《人生一瞬》、《綠光往事》、《旅行與讀書》。

有一次在韓國首爾出差，開完第一天會後，回到旅館，半夜裡突然腹瀉不止，不知原因，無法成眠，也痛苦不堪；第二天早上預定的會議變得無法參加了，只好讓隨行的同事代替我出席，事實上沒有我在場的會議，通常同事們會表現得更好，我也沒有什麼好掛心不下。休息了一個早上之後，體力稍稍恢復，竟然就覺得餓了，我想避開大部分的韓國食物無所不在的辣椒，因此決定把行李寄在旅館裡，自己一個人外出覓食了。

我的想法是找一家傳統食堂叫點白湯之類的食物，在韓國食堂裡，各種以牛骨燉成的湯，像雪濃湯、牛小排湯、牛膝蓋湯，或者牛尾湯，都是簡單美味，濃郁中帶著清爽的食物，配一碗白飯來吃，又能激起病中的食欲，又不刺激胃腸，當中的肉類也可能提供一點蛋白質來增強體力。

但旅館所在之處是一個辦公室林立的金融區，放眼間看不到任何傳統食堂（可能都藏身在巷弄裡），大街上都是比較現代風格的新式餐廳；我記憶所及的雪濃湯店，像「里門雪濃湯店」在鍾路區，「神仙雪濃湯店」在明洞區，「白松」則在光化門旁，都在江北地區，特別跑過去也太折騰了，何況吃了一點東西我就要去趕飛機呢。在大街上逛了逛，看不出端倪，而那也是「大眾點評」類的網站還不發達的年代，無法可想，最後看到一家乾淨明亮的小餐廳，牆上彩色海報顯示各種豐富選擇的菜餚，決定大膽走進去。

當時還不到中飯時間，店中空無一人，找了座位坐定之後，我在桌上的韓文菜單中看不到我認識的雪濃湯（설농탕）字樣，只好找店員來問，我一開口講英文，年輕女店員立刻花容失色，頻頻尖叫搖手，也不知道是說聽不懂，還是說沒有這類湯料理；小妹妹退去找來另一位年輕男子，勉強說了幾個英文字後，也開始搖頭搖手，完全雞同鴨講，無法溝通。但我實在體力不足不想再走了，只好客氣地問他有沒有英文或日文的菜單，或者店中有沒有人能說英文或日文，能夠給我一點幫忙，年輕男子慌慌張張地退下了，也不知道究竟他的答案是什麼。

過了一會兒，從店中後方走出一位雍容華貴的婦人，全套正式西裝，脖子圍著絲質領巾，臉上濃妝但不失優雅，來到我面前先深深一鞠躬，字正腔圓地講著十分禮貌的日文，一長串的句子其實只是要問她可以幫上什麼忙；我只好用我有限的日文向這位貌似女社長解釋，我因為「病氣」之故，請要尋找某種清淡食物，不知店中是否有雪濃湯、牛膝湯之類的料理供應；女社長再度鞠躬回答：「小社沒有您所說的上述食物，而那些食物都需要長時間準備，無法臨時提供，實在非常抱歉。」

我又問道：「那您是否可以推薦店中某些食物，適合我這種狀況食用，主要是不要辣椒？」

「如果您不嫌棄的話，請容我交待廚房，幫您準備一些不在我們菜單上，但可能適合您在病中享用的料理。」

「那太感激了。」我站起來點頭表示感謝，也好奇她會端出什麼料理。

女社長再度深深一鞠躬，隨及退下進廚房去了。

過了沒多久，剛才花容失色的女店員怯生生地端著一個托盤走出來，小心翼翼放在我面前，二話不說就逃走了。我看著眼前的托盤，正中央是一大磁碗顏色淡泊的湯品，旁邊不鏽鋼碗裡盛著白飯，四個小碟子擺著泡菜，但都是沒有辣椒的泡菜。我用湯匙攪拌那碗色澤帶著淡淡乳白的清湯，看見裡面有豆腐、蛋花和小黃瓜，還有一絲絲像肉絲的東西，試了一口，發現非常美味好喝，湯中有一種明顯的鮮味，那鮮味不僅在湯汁中，也進入了豆腐、蛋花和小黃瓜，看似清淡的「豆腐蛋花湯」，但湯的滋味非常獨特鮮美，用的是小魚乾嗎？我心裡疑惑著。

用餐到了尾聲，女社長悄悄來到桌旁，又是深深鞠躬，很客氣地問：「不知道此湯是否符合您的胃口？」

「這真是太好吃了，我可以知道這到底是什麼湯嗎？」

「干し明太です。」（是鱈魚乾呀！）女社長微笑回答。

原來是鱈魚乾煮的湯，味道竟然這麼鮮美，比新鮮的魚煮出來的魚湯更有複雜幽微的滋味；鱈魚乾顯然在韓國料理中應用廣泛，我在市場或超市多次看到鱈魚乾綁成一串一串販賣；而這道湯料理我也在書中讀過多次，但一直沒有機會試過。離開餐廳前往機場時，我暗自在心中想，下次來首爾，一定要去試一個以鱈魚湯聞名的餐廳。

這個「下次」來得很快，沒多久我又有機會到首爾出差，我已經事先做好了功課，預備找到空檔就要前往武橋洞一家創業近50年的鱈魚乾湯專門店。我們一行三個人抽空來到這家店的時候正是午餐高峰時間，我的老天爺！店內擠滿人群，店外大排長龍，生意興隆到不可想像，我們在門外看了一會兒，發現它周轉非常快，排隊隊伍消化得也很快，我們決定也認真等待，期望它真的值得大費周章。

這家食堂周轉速度的確很快，不到半小時，前面長長的隊伍就消散了，馬上就要輪到我們了，不過我也看出來它周轉快速的原因，它整個餐廳只有一道菜，沒有人需要點菜，坐下來店家就按人數直接端上食物來，一點都不耽擱時間；而這唯一的料理就是「鱈魚乾湯」，但它稱為Bug Eo Hae Jang Guk，也就是「鱈魚乾解醒湯」的意思，強調它的解酒功效。料理並不需要另外準備，店內廚房一口巨大的鍋子，裡面沸騰滾著湯，一名戴白帽的廚師用一隻大勺舀出一碗碗湯，另外幾名幫手忙著盛飯並準備一碟碟泡菜，放入托盤，外場服務員只要把湯加入托盤，即刻可以上菜，怪不得速度飛快。

輪到我們時，服務員把我們安置在一張大桌，和其他看似上班族的客人併桌，不由分說就端上三個托盤，食物已經全部到齊，我們也就埋首於湯碗與白飯之間。

桌上另有一碟調味料，那是鹽份很高的蝦米醃醬（Saeujeot），供客人調味之用；韓國的湯料理一般都不太調味，桌上另有鹽罐讓你自行添加，這裡則改用蝦米醃醬。我學習其他韓國食客把蝦醬與泡菜加入湯中，再加上大量蔥花，果然味道非凡。

這家位於市廳附近的鱈魚乾解醒湯的名店叫「明太湯家」（북어국집，Bug Eo Gug Jib），我在書中讀到它的鱈魚乾湯是加了牛大骨熬製而成，難怪它的滋味比一般鱈魚乾湯要更勝一籌了。

《蘋果日報》副刊，片刻凝視專欄，2018年10月17日

酒

馮平

作者簡介

馮平，生於三重埔，長於台北市，旅居於美國。熱愛美食美人，美好的瓷器，以及美好的感情生活。十一年前送走一隻公貓，今年失去一隻母貓，現與屋外四隻浪貓為伴。平日寫散文，衝擊太大時見詩，夢想成為偉大小說家。著有散文集《我的肩上是風》，《寫在風中》，《問風問風吧》，有鹿文化出版。

有一朋友知道我也喝酒，表示詫異，又問：「酒有什麼好？」我回答他，酒使人放鬆。

領略酒有這個好處的時候，我都已經過了三十。換言之，三十歲之前，我的確滴酒不沾。或者說，我視酒如惡。酒池肉林，燈紅酒綠，酗酒成疾，甚至酒駕肇事，通通是形象惡劣的事跡。即或如此，我從小就常被派去做一件事，幫父親買酒。冰涼的瓶裝的台灣啤酒。

巷口正對面有一間麵舖，兼賣菸酒糖果雜貨，我從父親那裡領了錢去買啤酒的時候，就順便打賞自己買了一盒森永牛奶糖。三十元去，一毛錢不回，父親知道了也不說什麼。

那時候，酒對我而言，只是大人的飲料。這個飲料使父親的臉色醺紅，語言含混，但可以使他伴著電視，消磨一段時間。

知道父親喜歡喝酒，一日不可無酒，我就想到父親節的時候，送他一對啤酒杯。至今我仍記得，那是我從一本精美型錄上看到的禮品，形狀像一支直立的茄子，上頭有我後來才認識的拉夫．勞倫馬球（Ralph Lauren）的騎士圖案。我興奮地期待那一天到來，結果父親一見禮物，面色平平，近乎冷淡，什麼也不說就任酒杯擱置一邊，閒棄多年。

那是我第一次送父親禮物，也是最後一次，就發生在我十歲左右的日子。此後他沒有從我身上再得任何一件東西，直至他在我二十六歲的時候猝然過世，離開我們。

他過世前幾年，已經戒菸戒賭，但是仍會喝酒。我都不知是誰去幫他買酒，只知我偶爾回家，上樓看他，他就一個人坐在客廳，面對著電視，喝紅了臉，或者喝醉了垂頭盹睡。晚年他已沒有本錢可以出外揮霍，他日日在家像是廣告上所推薦的好男人，不想這時兒女們有的外宿，有的結婚，有的早出晚歸，連母親也熱衷於佛學舍的活動，獨留他一人去找晚飯吃，吃完了就坐在家裡，慢慢地喝著酒。

那客廳的日光燈並不明亮，甚至有些昏暗，照在他那麼癯瘠的、孤單的身體上。這幅畫面烙印於我的心版上。

有日，我終於也喝酒了，是受日本電影的影響吧。記得是在小津安二郎的電影中，看見男人們下班以後，就必往酒館裡去喝一杯。他們坐在吧檯邊，向女老闆點了酒，然後用力扯鬆領帶，喝下第一口酒的樣子，悄悄打動了我。那時我已經來到新大陸，工作的壓力和風風雨雨，使我突然有一個念想：喝一杯酒！

是吧，酒使人放鬆，使人快活。

暮色四合，夕陽餘暉漸去，我回到住所煮了晚飯，打開電視，送進一片DVD，就也打開一瓶啤酒，坐在沙發上喝起來。酒入舌胃，微甘微酸有氣味，慢慢使我有了微醺鬆快的感覺。我無妻無子，只有一隻貓蹭跳到我的身上來，但更多時候，她也狠心棄我不理。

日光燈照在室內，我一個人看著電視，常常有那麼一瞬間，就想起了父親。我彷彿走進了那幅烙印於我心版上的圖畫。

《自由時報》自由副刊，2018年10月31日

一起做工的人，以及我與他們喝過的飲料

劉書甫

作者簡介

喜歡透過飲食與寫作，去表現都市生活文化的場景與氛圍，嘗試活出一個歡愉、自在而有情的世界，有一點文化意識，有一點歷史感，有一點幽默，有一點老派。

曾從事複合式藝文餐飲空間經營、各類編輯寫作工作。著有《細味臺中》文集，作品散見報章雜誌。

1

一個行程滿檔的週末，準備開車送一批貨，正逢中午，因時間稍趕，便進超市抓了一瓶罐裝咖啡，敷衍自己無甚食慾的胃口。

台灣的罐裝咖啡比我年長，一九八二年第一罐伯朗咖啡上市，比星巴克的拿鐵早了十幾年開始以調和咖啡接觸台灣的市場。我真正注意起罐裝咖啡，要到旅行日本時，在京都喜歡上了投販賣機罐裝咖啡的感覺。纖瘦而秀氣的瓶身，又不乏簡單好看的設計，味道也不過度甜膩。早起投一罐，在車站旁的麵包店站著吃完後上路；途中稍歇片刻，見販賣機，投一罐，靠著欄杆配著風景喝；晚上回到民宿無聊，走去巷口的販賣機投一罐，嗅一嗅安靜整齊的夜。

手拿一個罐裝咖啡，跟手拿鋁箔包或塑膠杯都不一樣，它更具實感。雖然是從簡圖方便卻不隨便，它應該要讓拿著它的人像拿著一個好看的杯子或保溫瓶，應該要讓拿著它的人看起來有型，日常風景裡顧盼，啜飲，有一種漫不經心的瀟灑。所以它的大小、胖瘦、容量和外觀設計，與他的口味同樣至關重要。

平時我沒有喝罐裝咖啡的習慣，倒是在高雄工作的那幾年忙得沒日沒夜，罐裝咖啡在不經意間會默默出現。它含高糖份，咖啡因，取用快速不必等待，自然地成為沒空吃飯或沒胃口吃飯時的選擇，止飢，提神一次搞定，是習慣忙碌的人給自己找的好理由。

多年後當我竟又從架上取下罐裝咖啡時，我想起那些曾一起做工的人，以及我與他們喝過的飲料。那一年，我背著一台Canon D5單眼相機，捲著袖子和師傅們一起在高雄的烈日工地中走跳，拍照記錄，學習各種施作，白天幹身體活，晚上動企劃腦。

遇上頭一個喝罐裝咖啡的工人，是凱仔。凱仔是在地工程公司的負責人，總是穿著「天上聖母」的上衣。其實他有個頗文雅的名字，叫湯志傑，但大家都管他叫凱仔。凱仔領著自己的母親、一班孩子，一架山貓仔（鏟土機的別稱），幾副不同型號的怪手，負責一切動到土的大排場，整地、挖洞、拆除，說到「大興土木」，看著他就對了。

凱仔是我的第一個語言交換者：當然，是台語。人很親切，也很愛找我嘮叨工程的事情：難免，工程經常會出現一些「額外」的工作，也都是他去搞定的。凱仔菸抽得極凶，眼白都變成黃色的。有一次問起吃飯和生活的事，他搖搖頭，工作無定時，一天往往只吃一餐，早上大多一罐伯朗咖啡就上工了。「做這行都短命。」他說。

工作期間，他也喝無糖綠茶。

剛進工地的時候，不大懂師傅們的吃喝習慣，中午叫便當，總是考慮要請他們喝什麼飲料。後來發現不用傷腦筋，無糖綠茶就好。

大太陽底下勞動，他們習慣一天一大杯手搖飲料店的廉價綠茶，凱仔一休息就跑去幫大家買，常常也會有我的份。我往往禮貌上在他面前喝一兩口，就拿去倒掉了。凱仔話多，菸不離手，見到我總要笑嘻嘻地小劉來，小劉去一番，有空就教我開怪手，連放假帶老婆去鹿港走走也要同我分享。

有幾天，凱仔突然收起笑容，玩笑話也不講了。一問之下，原來半夜載著怪手去氣爆現場支援了。

「看了會甘苦。」他說。

2

還有作土水工程的三人檔——老蔡和小蔡父子檔，外加一個沈默寡言，皮膚黑得發亮，永遠赤裸著上身的老師傅。他們太像一家人，我私底下都直接喚他們「三蔡」。三蔡不必喝外頭的飲料，他們各有自己的保溫瓶，裝人參茶，累了就去場邊喝一口，養生。

小蔡樣子憨厚，笑起來靦腆，文質彬彬的，做起事來一絲不苟。有小蔡在，我的工地台語聽力練習終於可以稍微休息一下。工作空檔，小蔡會耐心地站在我旁邊跟我解釋綁鐵仔、放樣、作版模，到灌「南媽控（預拌混凝土）」的工序和細節。小蔡說，「蓋房子是很偉大的工程。」

自從知道我大學念的是哲學後，他就開始問我王陽明和朱熹，想確認自己對宋明理學的理解。我萬萬沒有想到，畢業離開校園後，再度進行不同專業領域的學術交流，會是在機具夸夸作響的工地中，當著煥烈的日頭和飛揚的塵土。小蔡說喜歡讀思想，沒工的時候就往屏東家附近的圖書館跑，有什麼讀什麼。「哲學是很偉大的學問。」他說。

梅雨季一到，雨常常來的漫長又綿密，工程只能暫停。一次早晨，工程會議結束，雨直通通的下著，沒有打算停。我撐傘從外面巡察積水狀況回來，見老蔡和小蔡兩個人安安靜靜地坐在公共空間的書架旁，一人一本，低頭閱讀《資治通鑑》。我把傘收了，再往他們的方向走近確認了一次，沒錯，是我們架上的資治通鑑，沒看錯。兩蔡的臉上掛著我只有在看漫畫才會出現的專注神情。

我端了冷掉的咖啡過來，在窗邊的沙發歇一會。整個左營安靜地只聽得見雨的聲音。

小蔡發現我，走過來點點頭，扭開他的保溫瓶吹一吹煙。我問他喝什麼，他說「人參茶，養生啦」。

3

三蔡和本名湯志傑的凱仔，這「三菜一湯」，是我在南方工地見學期間很懷念的人情味。不過，這段創業過程中相處最密切的，還是我亦師亦友的老闆。他也有自己的保溫瓶，又高又胖，阿魯米瓶身帶深綠色的環邊，裝著太太為他準備的「蔬菜茶」，我頭一次看到有人這樣沖泡蔬菜當茶。茶喝完了，泡軟的蔬菜直接倒進嘴裡吃掉。這種「飲料」，想也知道，養生。這麼大罐的愛，他卻常常扔在車上，難得隨身拿下來了，走時又忘在辦公室。

比起蔬菜茶，他顯然更愛精品咖啡。開會第一件事情就是先呼喚誰去搞個咖啡來，不管是準備描繪如天邊雲彩的願景或是要商擬解決腳前荊棘的對策，都先手沖一壺咖啡來再說。衣索比亞、瓜地馬拉或屏東德文部落的都好，沖好的咖啡要分倒至一個個小小的濃縮咖啡杯，跟每一位與會的人分享。

有手沖咖啡，也有手作甜點。

我唯一學會的手作甜點只有提拉米蘇。一層手指餅乾，一層鮮奶油，再一層手指餅乾，再一層鮮奶油。因為待過工地，後來在製作提拉米蘇都會故意拿工地術語來形容各個步驟：只要鮮奶油、馬滋卡朋、橙酒、手指餅乾，以及「幫模（模版）」擺出來，並開始壓製濃縮咖啡，大家就知道，今天又要「作土水（施作水泥工程）」了；用毛刷將調入橙酒的深色濃縮咖啡液刷上淺色的手指餅乾是「作油擦（油漆）」；在一層鮮奶油上鋪上手指餅乾是在「大泰魯（貼磁磚）」；將馬滋卡朋和鮮奶油攪拌融合，用抹刀平抹在手指餅乾上就親像在作「西阿給（水泥粉光）」；冷藏一夜後，每一塊蛋糕要切幾「san（公分）」都要注意。

南方工地見習，還得兼開三噸半貨卡車。

經常，在吧台沖完咖啡，或和老闆會議後；企劃寫一半，或佈展前夕；和會計確認帳務的空檔，或活動執行工作剛指派完，我便接著起身出門，開三噸半去協力廠商那載設備。公司裡代號A車的三噸半貨卡已年邁，經手過無數習慣不同的駕駛員，排檔箱大概快壞了，入檔永遠很卡，讓我一直沒練就操桿自如，大路上淡定飆百里的境界。

停好卡車，給協力廠商的總經理邀進了辦公室小歇，他一條平頭老漢子從冰箱拿出一罐瓶裝飲料遞給我，我一看，又是無糖綠茶啊。

《自由時報》自由副刊，2018年11月27日

品味

去台灣吃鵝肉

新井一二三

作者簡介

日本東京人。早稻田大學政治經濟學系畢業。曾留學北京、廣州、多倫多，擔任過《朝日新聞》記者、《亞洲週刊》特派員。目前為日本明治大學教授（東亞研究）。中文著作有《再見平成時代》《台灣為何教我哭？》《我這一代東京人》（台北：大田出版社）等，日文近作有《台灣物語》（東京：筑摩書房）。

我問老公：到了台灣想吃什麼？

他就回答說：鵝肉吧。

我一時沒能反應過來。到了台灣該吃鵝肉的嗎？我自己以前在台灣吃過鵝肉沒有？宜蘭的鴨賞既然叫鴨賞，就不會是鵝肉了。恆春的鴨肉冬粉，那也是鴨肉。

老公卻很堅定：鵝肉很好吃的。是山口桑的老公黃桑有幾次帶我去的。

我問他：是台北有鵝肉專門店呀？

他很自信：當然啦。叫目鏡兄弟鵝肉店。

鵝肉，我吃得最多是在香港。那裏的燒臘店標準出售燒鵝，而且香港人經常說：燒鵝才好吃呢，什麼北京烤鴨，太肥而且滋味不夠。

日本吃不到的肉類、禽類相當多。比如說，羊肉、鴨肉。連羊呀、鴨呀都很少見到的地方，當然沒得吃鵝肉了。你問日本人看看吧：喜不喜歡吃鵝肉？他們只會皺眉搖搖頭。怕生。雖然日本人不怕吃生的。

上網衝浪，原來台灣有很多家鵝肉專門店。台北有，台中有，花蓮有。但是老公對台北東區的目鏡兄弟鵝肉店印象深刻、情有獨鍾。於是我再繼續探索，果然找到了那個四眼兒的。

那天，從南港中央研究院回來的路上，我叫計程車不用在捷運站停靠了，直接到忠孝東路六段二七二號去就好。果然有戴著眼鏡的老闆跟似是太太的女士忙來忙去。這些年頭，台灣的食肆能邊吃邊喝的地方不多了。可是，老公念念不忘的鵝肉店，既有飯菜又有啤酒，而且在於別人喝下午茶的時段，真是難得。

白切鵝腿、鵝胗、鵝肝、燙地瓜菜、鵝油筍絲飯。樣樣都是在日本吃不到的。味道不錯，而且感覺很熟悉。連第一次吃鵝肉的女兒都吃個不停。

我替老公告訴老闆說：人家二十五年前來過這裡，一直記得呢。

老闆答：下次，你們別來好了，我們快要畢業了。

我們說：還要來吃鵝肉呢，先別畢業。

幾天以後，我們在花蓮也找家鵝肉專門店吃晚飯去了。這一家叫鵝肉先生，人氣很高，於是在附近另開了分店。我們去的該是總店。人很多，但也不至於排隊。而且效率很高，在付款處叫菜，回頭去坐下來，桌子上已經有瓶台灣啤酒。這次吃的是鵝胸肉，小菜則要了鵝心、鵝腸。老闆告訴我們趁熱吃。

出門旅行，最好享受在家享受不到的口福。現在我記住了：到了台灣，應該吃的美食清單裡，絕對有項鵝肉。

《蘋果日報》副刊，2018年9月23日

「山海樓」台菜饗宴

李昂

作者簡介

李昂，原名施淑端，彰化鹿港人，文化大學畢業，留學美國奧勒岡大學戲劇碩士，現任教文化大學。曾以《殺夫》獲聯合報中篇小說首獎，出版有短篇小說《花季》、《她們的眼淚》、《一封未寄的情書》等、中篇小說《殺夫》、《暗夜》等書。

吃台菜，常常是菜很好吃，但餐廳的氛圍，實在稱不上舒適。

我喜歡三不五時吃個台菜，也常有機會招待國外來的朋友，為了找菜好吃又舒適的台菜餐廳，很傷腦筋。

「山海樓」便成為我最好的選擇。健康、好吃、而且優雅，能夠做大菜、有宴席菜，這樣吃台菜，而不一定講到台菜，只有小吃。對台菜才公平。

台菜形成的過程，受到多方影響，尤其酒家菜。

上個世紀初期，台北知名的蓬萊閣老闆，請來了孫中山先生的大廚，這些留下的菜，被當年在蓬萊閣工作的大廚黃德興老先生，傳承下來，來到今天的「山海樓」。

先前位於中山北路二段的巷子裡，一整棟有庭園的日式洋樓，用在日本九州重新燒的餐具瓷器，對過去做一種複刻的氛圍。多彩富麗華貴但不俗氣，很有南島風情。

可惜因為都更，整棟房子被拆除，不能保留下來，非常可惜。

山海樓現在搬到仁愛路，優雅重現，而且注重個人空間，就算只有兩個人吃飯，沒有包廂，也比較不被干擾。

走在時代尖端，多年前就在南澳豐園有機農場栽種自己的有機作物，餐廳裡用的食材，不僅好吃，健康第一。冷盤四蓋碗台菜常常用到的烏魚子，用野生烏魚子，台式滷鮑魚，也是用野生鮑魚。更不用講白切雞，用自家的放山土雞。

現在還將烤雞作為桌邊料理，大廚親自來片雞。為了不喝酒的人，研發出自己的冷泡茶，裝在香檳杯子裡，還有氣泡，十分討喜。

餐廳裡也有水族箱，確保能夠用到活的海鮮。台灣式的香腸、炒米粉、排骨酥當然都有。炸春捲裡面滿滿的肉和其他菜蔬，口感豐富，不像由中國大陸傳來的春捲那麼單薄。

當然如果要功夫菜，脆皮鳳翼、肚包雞，這些層層包裹含住鮮甜汁液的套菜，雖然別的菜系裡面也會吃到，但因為山海樓做法很台，別有一番滋味在心頭。

菜尾湯，讓我對台灣的辦桌文化，思念不已。山海樓的菜尾湯，不是真正的由隔夜的菜蒐集起來而成。是特別製造多樣的台菜，將它們放在一起。在台北，能舒適的享受到這些庶民文化，滿足了童小的記憶。

為了表示台菜的多元文化性，也將用原住民的香料馬告醃製成的豬肉，著名的客家菜糕渣等等，放入餐牌中，以示尊重。

什麼是台菜，不妨來走一趟山海樓吧！

《蘋果日報》副刊，2018年9月23日

觸鬚之宴

詹宏志

作者簡介

詹宏志，出生於一九五六年，南投人，台大經濟系畢業。現職PChome Online網路家庭董事長。電腦家庭出版集團與城邦出版集團的創辦人。曾任職於《聯合報》、《中國時報》、遠流出版公司、滾石唱片、中華電視台、《商業週刊》等媒體。並創辦了《電腦家庭》、《數位時代》等四十多種雜誌。

起草「臺灣新電影宣言」，策劃和監製多部臺灣電影史上的經典影片，包括侯孝賢導演的《悲情城市》、《戲夢人生》、《好男好女》，楊德昌導演的《牯嶺街少年殺人事件》、《獨立時代》，以及吳念真導演的《多桑》等。

著有《兩種文學心靈》、《趨勢索隱》、《城市人：城市空間的感覺·符號和解釋》、《趨勢報告：臺灣未來的50個解釋》、《閱讀的反叛─大致與小說有關的札記》、《城市觀察：新語言／新接觸／新文化》、《創意人：創意思考的自我訓練》、《如何使用百科全書》、《詹宏志私房謀殺》、《偵探研究：Study in Detective》，散文集《人生一瞬》、《綠光往事》、《旅行與讀書》。

多年前有一次，我興致勃勃想在家裡舉辦一個「觸鬚宴」；所謂的「觸鬚宴」，我指的是使用各種海洋「頭足類」軟體動物為主題食材的一個宴席，台灣近海孕育豐富的「頭足類」食材，種類很多，口感各異，其實很適合做出各式各樣的料理來；有些人如果不常上市場，不見得都能叫得出各種「頭足類」的名字；或者有的人看到頭足類一律都把它們叫做「花枝」，有的人則一律都把它們叫做「墨魚」。

我自己是「頭足類」料理的真誠愛好者，看到菜單上有頭足類食材，總忍不住要試著點來嚐嚐。而世界各國的確有不少爭奇鬥艷的頭足類料理，我在多次的旅行途中，慢慢體會到日本人、韓國人、義大利人、西班牙人、葡萄牙人都有許多令人贊歎的頭足類料理。有的民族也許頭足類料理的花樣不多，但僅只一兩樣也偶爾令人驚艷，譬如說我在馬來西亞吃到的「參峇臭豆蘇冬」就是風味獨特，教人一吃難忘的頭足類料理（蘇冬Sotong，就是馬來人說的烏賊）；又有一次，我在峇里島的金巴蘭海邊一家很平凡的海鮮燒烤店裡，店中用椰子殼烤的紋甲花枝（其實是台灣人稱的「軟絲」），椰子香氣就迷人得不得了。

「頭足類」料理我是從小吃到大的，母親煮飯的時候，有時在飯鍋內同時放進一盤「小卷」去蒸；每隻小卷都只有手指頭長，不去內臟，只加一點薑片與醬油，或許還有一點米酒，飯煮好時，小卷也蒸熟了，滿滿一大碗，是價廉物美的恩物。我每次把一整隻小卷塞在嘴裡，再慢慢把小卷體內的鞘從嘴裡抽出來，小卷的墨水沾染了我的嘴唇，總是吃得唇牙皆黑。我們家裡也常吃「芹菜炒花枝」，阿姨把花枝鋪平細細刻花，切片後與芹菜大火快炒，刻了花的花枝片在大火中會立刻捲曲起來，阿姨還會在芹菜中放進幾片辣椒配色，炒出來的菜綠白相間加上紅色點綴，非常漂亮。

等到我離開鄉下，剛剛來到台北讀書，在士林夜市裡吃到「生炒花枝羹」，也覺得很美味；後來我父親到學校看我，我偕他一起同嚐「花枝羹」，本想討他歡心，但捕魚人家長大的父親一吃就皺眉頭，說：「這不是花枝，是透抽。」大部分時候我吃那攤花枝羹，肉厚而硬，應該是花枝無誤，但那一陣子可能花枝貴而透抽便宜，攤販就改用透抽，透抽肉薄而軟，口感略有不同，羹湯其實一樣美味；但父親生性耿直，覺得「花枝羹」名實不符，面露不豫之色，弄得我也意興闌珊，草草結束了一場難得父子相聚的時光。

此後我對夜市裡的花枝羹有點情結，不太願意再去光顧，但這也沒有阻止我對「頭足類」食物的愛慕之情，我仍然繼續追索各色烏賊料理；譬如在東北角海岸，我嚐到白灼的活軟絲，潔白的肉身沾五味醬而食，做法簡單，卻新鮮甜美難以比擬；後來到了香港，在潮州館子裡吃「韭菜花炒吊桶」，吊桶就是小而短的鎖管，與韭菜花同炒，翠綠與白玉相映，十分好看，店家挑的鎖管，鮮脆有咬口，滋味也不凡。

有一次來到紐約，在一家裡義大利餐館吃午餐，心中想要簡單進食，只點了一個「章魚沙拉」，沒想到上菜時是一盤以芝麻菜（arugula）為中心的綠葉蔬菜，上頭放著一整隻帶著焦痕的八爪章魚，章魚不大，約莫只比拳頭大一點，在木炭上烤過，又脆又香，讓我多年難忘；可是我只吃到這麼一次，後來就不曾在其他義大利館子吃到同樣的做法。但在紐約的希臘餐廳裡，我卻好幾次遇見類似的烤章魚，只是不是做成沙拉；可能在地中海一帶，簡單的烤章魚，只是料理的基本元素而已。

又有一次，我來到葡萄牙的波爾圖，按書中推薦來到一家餐廳，我也點了一道章魚料理；菜端上來時，放在一種叫做「卡塔布蘭那」（cataplana）的銅鍋裡，那銅鍋是兩個對稱的半圓型，可以相對扣緊，打開時熱氣蒸騰，中間是很大一整隻章魚腳，醬汁已近收乾，全部吸進章魚肉中，那道菜烹調精妙，醬汁似乎有肉湯與海鮮，滋味豐富，章魚煮得柔軟，餐刀輕輕可劃開，但章魚腳的表皮卻又有焦脆口感，似乎是先烤再煮，旁邊的配菜有馬鈴薯與長豆，吸收同樣的醬汁，都很入味，非常好吃。

「頭足類」食材普遍可見，一般而言也不昂貴，所以在高級料理（fine dining）或星級餐廳裡並不常相見（見到龍蝦或干貝的機會要多很多），我大部分時候都是在一些傳統家庭式館子裡與它相遇。有一次在韓國，朋友帶我去吃章魚料理，那是一盤盤醃得紅通通的章魚小塊，自己放到桌上的炭爐去烤，餐廳裡放眼看去全是老人與大叔，完全不見年輕人；章魚滋味焦香鹹辣，搭配燒酒完全合拍，但我的韓國朋友感嘆說，現在新一代不吃這些過時的傳統菜餚，恐怕再過幾年，沒有地方吃這樣的菜了。

我的「觸鬚宴」念頭，就是來自於多年對頭足料理的情感反映，你可以說這是一場「頭足動物禮讚」。我想從在各國享用「烏賊料理」得到的啟發，用台灣近海的頭足類食材，發展出一場宴席來。譬如在日本，我吃過許多精彩的「烏賊刺身」，我也想試試一種生吃的烏賊，我選的材料是在基隆和平島買來的「游水活軟絲」，殺好處理乾淨之後，先回到冰箱降溫，收縮它的肌肉，再把它片成薄片；我用新鮮海膽與醬油調成「海膽醬」（也加了綠芥末進去），把黃澄澄的海膽醬抹在軟絲薄片上，顏色大膽鮮艷又有絕妙滋味。

在韓國，我也生吃過頭小腳長的「飯章魚」（飯章魚是日本的稱呼，韓國人則叫它sannakji）；大部分的人都對它在口中仍然蠕動印象深刻，但我卻對它的沾醬感到神奇（用了麻油和鹽，多麼簡單，卻又如此合理）。我從和平島也買了活章魚回來，把其中一隻仍在蠕動的腳切成薄片，我把章魚薄片貼在平底鍋上略微乾煎一下，再用麻油、花椒、蔥末和鹽做成滋味更複雜的沾醬，就成了向韓國菜致敬的新版本。

我用活跳跳的澎湖「脆管」來清蒸，跟我母親做的略有不同，我把整根青蔥拿來舖在盤子上，清理過的脆管擺在青蔥上，下一點醬油和清酒，一點薑片，然後入鍋清蒸。我仿義大利人先做油醃的甜椒，再放入烤過的透抽，成為一個沙拉；我也做了「白灼花枝」佐五味醬，又做了台式的「三杯透抽」與「芹菜炒花枝」；仿葡萄牙人的做法，我做了「章魚燉飯」；我又用章魚、五花肉以及蛤蜊做了一道「章魚燉肉」；最後，為了要有一道湯，我模仿在日本稚內吃到「章魚涮鍋」，把活章魚腳放入昆布湯中輕涮，成為一道湯品。用了五種頭足類食材，我因此有了十道菜的「觸鬚宴」。

《蘋果日報》副刊，片刻凝視專欄，2018年9月26日

回味

逆轉的滋味

方秋停

作者簡介

曾任《明道文藝》總編輯、現為明道中學國文教師。珍惜寫作機緣，為愛與感動不停書寫，喜歡散步、旅行、賞玩花鳥。曾獲林榮三文學獎、時報文學獎、梁實秋文學獎等，著有散文集《原鄉步道》、《童年玫瑰》、《兩代廚房》；短篇小說集《山海歲月》、《耳鳴》、《港邊少年》；臺中學叢書《書店滄桑：中央書局的興衰與風華》。

豆鼓貌不起眼，甚會毀壞其他食材的色香味，一顆顆顏色暗沉似拙劣的玩笑般，常與蔥薑蒜混於食物當中，強淩豆腐、和魚、排骨打成一片，連豆芽、山蘇葉裡亦見它探頭出來，讓人不勝其擾。

印象中外婆便愛此味，和她予人的陰鬱形象有些符合。外婆為傳統女性，奉行女子無才是德且須刻苦耐勞的信念，而我那時正值貪玩年紀，經常以讀書為由不願掃地碗也少洗，自然不符她的期許。或許因為心虛，總覺得外婆看我的目光相當凌厲，不滿含於嘴邊，隨時欲將我痛罵一頓似的。因此每當外婆前來家裡，我總儘量和她保持距離。

我和外婆的差異除了價值觀外還有飲食習慣，我喜歡清純的菜餚，青綠、雪白或紅豔，即便混搭也不要看起來髒兮兮，對於似如汙物的豆鼓更是敬謝不敏。偏偏外婆對豆鼓入菜情有獨鍾，她一來豆鼓便於餐桌上頻頻出現。最慘烈的是母親會將豆鼓與苦瓜燜炒一起，鼓汁全然滲入菜中，讓我無從躲避。

外婆年事雖高對生活卻一絲不苟，於她跟前我總須戒慎恐懼——啊，碗要端好筷子拿正，最令人難過的是那盤苦瓜，我低頭嚼著飯粒，覺得外婆目光緊盯著，壓力越大越無吃食意願，處境相當艱辛。然後便聽見外婆與母親聊起天，其他話語我聽不清楚，當中一句：「查某囡仔人毋通揀呷……」揀呷意味挑食，意思是說女生不該對食物存有偏見，有啥吃啥，什麼都該嘗試。此語似鞭，將藏於瓜片裡的豆鼓一顆顆逼出，我不得已只好將那似如鍊條的瓜片挾進嘴內直接吞進肚子，絕不讓它汙染碗裡其他食物。

我不喜歡菜裡加入藥丹、不喜歡言行強行被指正，醬油凝聚成的鹹味予人克難之感，年少的我不喜歡那味道。

即便體內流著外婆的血緣，卻未能及時和她親近。之後癌細胞於外婆咽喉內擴散，每回隨母親前去探望，見她床邊擺放著稀飯，上頭拌撒幾顆碎豆鼓，唉，那是她一向的最愛，可惜已難吞嚥！

生命流轉，人情、味蕾悄然變動……

歲月紛飛，離開母親主掌的鍋碗瓢盆，曾幾何時那一顆顆曾讓我避之惟恐不及的豆鼓出現於異鄉餐館，竟讓人感覺熟悉溫馨。清蒸吳郭魚上撒幾顆，醬色提出鮮味，舌尖於鹹潤中回甘，隱隱覺得那滋味勾連、引領我尋得返鄉之路。

之後輪到我掌廚，廚架上擺放著各種調味料，豆鼓竟也成為我的祕密武器。漸地認定那看似不起眼的微小顆粒，其實深藏玄妙智慧——長菌絲的大豆經發酵後蒸曬，內含的胺基酸氧化變黑，造就豆鼓特殊的色香味。飲食長河曲折彎繞，霧氣蒸騰化雨，旋又積聚遠流他鄉，形成另種景致……，中國自漢魏便將豆鼓用於烹食，至宋代更傳進日本成為寺納豆或鹽辛納豆，與印度的丹貝異曲同功，為人類飲食發展中的一樁美事。

味覺逆轉，改變的或許是處境與心情！

又一次將苦瓜刨成花片、油鍋燒熱後加入拌炒，氤氳中不忘加入幾顆豆鼓，讓苦味轉成甘美；也常洗淨生蚵、蛤蜊或將龍鬚菜一截截地挑嫩揀鮮，派遣豆鼓去腥解澀，一道道佳餚便被烹煮出來；或者將豆鼓與蒜一同切碎，拌入肉片或排骨當中，留讓時間使其入味。

手藝藏著幽微心思，有些因緣須經多年才能體會。

將來有天當我老去，兒孫是否能夠理解，我所眷戀的滋味？

《自由時報》自由副刊，2018年2月5日

一日之始，雜菜滋味

季季

作者簡介

一九六四至一九七七專業寫作十四年。一九七七年底進入媒體界服務，二〇〇七年底退休。曾任聯合報副刊組編輯，中國時報副刊組主任兼人間副刊主編，中國時報主筆，印刻文學生活誌編輯總監等職。出版小說，散文，傳記等三十餘冊，主編時報文學獎作品集與年度小說選，年度散文選等十餘冊。

復活儀式結束，該是起床時刻。人有三種狀況無法起床，一是嬰兒時，二是重病時，三是死亡時。在第三種狀況降臨前，生命由無數個「起床」延續；早睡早起或晚睡晚起都無損於它的尊嚴。

「起床」迎來新生之日，也敦促人要努力做活。我從小生長於農村，見習農民的務實生活，十九歲到台北職業寫作後，經歷了婚姻做了母親，離婚後獨力養育兩個孩子也必須是務實的。有時文友談論波特萊爾，歌頌頹廢美學，我只能默然嘆息：唉，我哪有資格歌頌頹廢？人性確有軟弱怨恨愁苦，生活不免牽腸糾結，即使在那彷彿墜入隧道的時刻，我也不喝酒賭博麻醉心靈——頹廢於我是奢侈，只能努力做活，朝向遠處的亮光前行。

相對於內心的自我調解，我對身體卻是虧欠的；曾經通宵寫稿，不吃早餐，挨餓硬撐，得過且過，毫無規律。暮年之後始悟前非，謙卑的向身體懺悔，向規律低頭。這轉念的第一步即從早餐儀式開始：走入廚房後，先以鹽水漱口二分鐘除菌，再慢飲溫水三分鐘暖胃，然後吃水果，洗菜，煮菜，至少半小時。一個多小時後，在電腦前吃完雜菜湯，看完新聞大雜燴，只覺身心飽足，即使陰雨天也親像見到陽光——如此一天之始，多麼緩慢，多麼美好。

人之老化是生命自然律，我的同學或比我年輕的友人，有的已病逝，有的在與癌細胞捉迷藏，有的則被白內障、青光眼纏身；或為三高、洗腎、糖尿病所苦。一九七八年進入新聞界服務後，我曾二十多年沒吃早餐，體質畏寒常感冒，夏天眼球出血二三次，秋天咳嗽一兩月。二〇〇五年退休後開始吃雜菜湯早餐，眼球不再出血，兩三年感冒一次，秋冬也少咳嗽了。在老化的路上，也許是雜菜湯早餐之助，我沒有大病，也無三高、白內障、青光眼，每天吃完早餐照顧花草半小時，無事出門就在文字間穿梭，有時閱讀一整天，有時寫作大半天，興之所至隨意為安——我的閱讀也像雜菜湯，品類繁複，滋味不盡；然而往往是看飽了，猶覺不足，不足……。

老友聽我每天花那麼長時間吃早餐，不免好奇的追問：「這雜菜湯早餐是誰教妳的？」

「哦，是向我母親學的。」

「妳母親也吃雜菜湯早餐啊？」

「不是啦，是她煮的銅罐仔糜。」

「銅罐仔糜？那又是什麼碗糕？」

哦，從童年的銅罐仔糜到暮年的雜菜湯，遙望來時路，一段一段各有食之味，也各有人之味；其間轉折則是萬般滋味。

我母親熬的銅罐仔糜早餐

我家在濁水溪南邊二崙鄉永定村，平原地帶無山無海，盛產蔬菜稻米。我幼年時代無冰箱，村裡僅一家柑子店賣米酒菜籽油醬油鹽糖肥皂餅乾雞蛋等物。蔬果大多自種或親戚互贈，豬肉和魚則有流動攤販在腳踏車後座橫塊木板綁個竹籃來販售。賣肉的頂多十天從西螺來一次，賣魚的「號雞仔」則每天從虎尾來，竹籃香蕉葉上躺著三、四種魚：虱目魚，鯖魚，白帶魚，狗母魚，或魟魚，三牙魚，四破魚；有時則整籃的蚵仔，母親每天換著買。給小妹配銅罐子糜的魚鬆，就是向「號雞仔」注文十條狗母魚做的。那魚的刺多又腥，加了薑母、米酒煮仍腥味四散。每次煮熟攤在鋁盤夾除頭尾，母親要我和父親圍著餐桌各據一盤，一次一條用筷子撥開魚肉，挑出魚骨、魚鰭、細刺，再在灶前顧柴火，讓母親翻炒至半鍋金黃，滿厝生香。

然而這還不夠，父親三兩天就騎半小時腳踏車去西螺中央市場，買豬肉及鹹魚，蝦皮，魚脯，海帶，豆鼓，豆皮等乾貨。有時還有《東方少年》月刊，是我最早的課外讀物。哦，還有綠豆，母親要發豆芽。母親還會醃整甕的冬瓜，菜頭，也會做菜脯，高麗菜乾，菜豆乾……，為了一家人的吃食，父與母一生合作無間。

一九五二年四妹出生後，三十八歲的父親覺得四個女兒還不夠，請人增建兩間臥房、一間廚房、一間廁所、一間浴室，在次年春天西螺大橋通車後完工。（後來果然又生兩女一男）

父親篤信民以農為天，而做農則需以食為先，新屋最大間是有前後門的十多坪廚房，新的深紅色菜櫥特向西螺延平路「竹腳仔師」（長得高又瘦）訂做，高三百多公分，寬一百多公分，深六十多公分，上面三層格子紗門配金色拉環，分別放乾貨、剩菜、豬油、菜籽油、蔴油及鹽糖醬醋酒等佐料。中間四個抽屜，分置刀剪起子鑿子鐵槌鐵釘繩子等雜物。下面一層左右推門，疊放大小碗盤——碗櫥四隻腳還套著鋁碗，注滿清水，以防螞蟻上爬。

那時永定也沒有自來水，瓦斯爐，電鍋。廚房一角放個儲水缸，吃過晚飯我隨父親走十來步去家族共用的古井打水，用柴桶扛回來注滿。陶缸旁是灰白煙囪及紅磚灶，大灶直徑近百公分，黑色大鼎平時煮豬菜，過年過節煮肉粽蒸甜糕發糕紅龜糕菜頭糕；旁邊的小灶直徑約六十公分，前頭白鐵鍋燒開水、洗澡水，後頭小鼎炒菜、煮湯；煮飯另用炭爐。

廚房另一角，菜櫥背後是三坪多柴間，堆放柴塊、竹管、竹枝、草茵、廢紙；我家煮食全靠它們焚火獻身。柴塊從西螺木材行買來，竹管、竹枝取自屋後一百多公尺的刺竹叢。那裡靠近墓仔埔，也有堆得像寶塔的稻草墩，我四歲多就跟母親去草墩拔幾束乾稻草到大埕，蹲著學習折草茵，再把一綑綑像枕頭的草茵搬回柴間。八叔家的黃花貓，天寒時節看中我家柴間的草茵堆，躲在那裡生小貓，母親發現了就小聲說：你們要裝作沒看見哦，不然貓母驚到會把貓仔子咬走；「天氣遮爾冷，貓仔子會冷死呢。」母親並在菜櫥下放個碗，每頓留些魚骨飯菜給貓母。牠溜出來吃完再鑽回草茵堆顧貓子——那是兩個母親之間，為了幼小生命的互愛與互信。

父親的稻田近兩甲，我家每頓吃紮實的濁水米飯，有魚有蛋有菜有湯，偶而有白切肉或蔭瓜蒸肉。父親常說，慢慢來，莫著急，一嘴飯至少要嚼二十下；飲水也要嚼一嚼再吞落去。我小學畢業前，早餐常吃一個多小時；吃完時母親還在餵妹妹吃銅罐仔糜呢。

母親說我兩歲前也吃銅罐仔糜，但我的鼻子和舌頭沒留住那滋味，只記得坐在新廚房餐桌前端著碗挾菜吃飯，母親為小妹熬的銅罐仔糜香味從廚房門口飄過餐桌，一陣陣誘惑著我，有幾次忍不住說：「媽，給我吃一點銅罐仔糜嘛。」她說：「哎喲，妳是無牙哦？銅罐仔糜是妳小妹吃的啦。」——其時小妹是四妹。後來是五妹六妹。

所謂銅罐仔，是明治奶粉罐，直徑僅約十公分，母親在它左右打洞，穿兩條粗鐵絲做提把。她可能認為糜是幼孩的階段性食物，沒必要再買小炭爐，就在廚房門邊水泥地排三塊磚，橫架三枝鐵條再鋪鐵絲網，從小灶挾入燒得火紅的柴塊，讓放在網上的銅罐仔糜慢慢熬滾。柴塊由紅轉黑，銅罐仔不冒煙了，母親把黏稠的糜倒入碗裡，再撒些狗母魚鬆攪拌，就是我當時聞得流口水的，微帶焦香的銅罐仔糜。

在後來的成長歲月中，我不時懷想那小小的銅罐仔，在三塊磚頭之上冒著白煙，香味流竄在我們吃著早餐的口鼻之間。罐子裡的飯菜，和我們餐桌上吃的並無不同啊，母親只是把煮好的菜切得細碎，混入湯與飯之中熬煮，味道就特別香濃。我在回憶裡揣摩，在現實裡閱讀，終於領悟了銅罐仔糜的竅門：細，慢，雜。

秀眉母親的軌道早餐

一九五七年小學畢業後，除了放假日，再也聞不到銅罐仔糜的香味。我固執的放棄離家近的縣立西螺中學去考省立虎尾女中，也固執的捨棄只要走五分鐘就能搭往虎尾的台西客運，堅持跑十多分鐘去坐台糖五分仔車；只因那條鐵枝路穿過父親的兩塊稻田，我曾在田岸看火車冒著煙嘟嘟遠去，決心以後也坐那火車去讀虎尾女中。

台灣當時有「糖島」之稱，政府財政收入主要靠蔗糖外銷，虎尾則號稱「糖都」，因虎尾糖廠是總廠，面積遼闊，還有自己的公園，招待所，員工宿舍，安慶國小，醫療所，製冰廠，冰果室。為了與其他糖廠互通原料與成品，從虎尾火車站延伸的五分仔車四通八達，我早上搭的溪州線從彰化縣溪湖糖廠開出，通過西螺大橋後，西螺、二崙是大站，設有站長及多條調度鐵道；埔心、頂茄塘、墾地是小站，只有一支站牌，連個遮雨棚都沒有。我上車的頂茄塘站屬於定安村，站牌在我姑婆女婿經營的磚窯前方；從永定村往南而去途中有大片墓仔埔，怒生著陰森的林投叢。母親擔心的說，「透早行過墓仔埔，會驚到啦！」我說：「哪會驚到？免驚啦！」母親瞪著我嘆氣：「唉，妳這個查某囡仔！」

五分仔車大多是一長列蒸氣貨車，密閉的黑色車廂大概載送蔗糖，裸身的鐵板則堆滿白甘蔗。台糖為了服務蔗農與員工，特別於早晚各開一班只有兩節的汽油車，讓他們的子女上下學免費搭乘；非蔗農與員工子女則需買月票。台西客運月票二十五元，台糖月票三個月才十五元；「每個月省二十塊呢。」這理由終於讓父親勉強同意我透早跑遠路去頂茄塘搭五分仔車。

從搭五分仔車開始，我的童年與悠閒早餐結束了。國小六年，七點多吃完早餐跑五分鐘就到永定國校，上了虎尾女中後，五分仔車六點半駛至頂茄塘，我六點十分就需跑出門；母親則六點不到就叫我起床穿制服，刷牙洗臉後站在灶前，一嘴嚼兩下的吞食她熱好的剩菜剩飯（也用剩菜剩飯加個荷包蛋替我裝便當）。匆匆跑出宅門時，夜霧猶未散盡，偶而在路上碰到提著一籃韭菜花的叔公迎面回來（露水未散前摘的韭菜花較嫩），笑著大聲說：「卡緊走哦，火車欲來囉。」

那班五分仔車，三分鐘後經過我家的田，五分鐘後進入二崙站。站長外省人，兒子讀虎尾農校，卡其色制服不紮進去，學生帽歪著戴，車子進站時，站長舉著旗子，兒子吊兒郎當從宿舍跑出來，嘴巴嚼動不停，有時手上還拿個包子。

然而二崙站更經典的畫面是高一學姊秀眉，她父親是我堂嬸婆的弟弟，在農會做獸醫，高大黝黑帥氣，來永定出勤總叼著菸吸不停。他娶兩個太太，秀眉母親是細姨，身形苗條，皮膚白皙，只生一個千金。秀眉高挑像父親，皮膚白皙像母親，而且一頭捲髮，胸部肥滿，英文、數學都好，常在車內指導學妹，又不時在軌道上吃早餐，成了溪州線焦點人物。

汽油車進二崙站前，速度漸緩，我常遠遠的看到左手邊軌道上的母女倆慌張疾行。穿睡衣的母親端個鋼杯拿支湯匙，白衣黑裙的秀眉微彎著腰，側著頭一口一口吃著母親送到嘴裡的早餐。站長吹起哨子時，她才趕緊跨過軌道跑來月台。上了車後，也和站長兒子一樣嘴巴仍在嚼動。站長兒子繃著蠟黃的臉，秀眉則面色紅潤，害羞的笑著。

跟秀眉姊較熟後，我曾好奇的問她母親餵的早餐是飯還是糜？

「就是一些剩菜剩飯混在一起嘛！」她說。

哦，原來也是雜菜。

此後我不曾在其他火車軌道上看到那樣獨特的，移動式的早餐儀式——那幅母與女的餵食畫面，也已在我腦海成為經典。

台北初期的早餐四味

一九六三年我從虎尾女中畢業，沒考大學，到台北參加文藝營。一周後回到永定，還在家享受了半年多的優閒早餐。那時五個妹妹都上學了，最小的弟弟也已五歲，母親無需再熬銅罐仔糜，父親養了四年的安哥拉乳羊奶水多，我們每天喝現擠現蒸的羊奶，早餐第一碗飯還能泡羊奶呢——除了永定，還有哪裡能吃到羊奶泡飯？

一九六四年三月八日來台北後，做了十四年職業作家，常常寫稿至深夜，近午起床後吃早午餐。剛到台北初期，在永和竹林路17巷13號分租一房，斜對面是私立勵行中學（據說是竹聯幫起家處）與勵行市場。當時投稿雖然都順利發表，稿費一千字五十元，房租每月二〇〇元，時常一天只吃一條八塊錢吐司，配醬瓜喝開水。

竹林路口右手邊有家著名的豆漿店，我在文星書店短暫服務時，早上去那附近搭公車，常見店口油鍋煙霧迷漫，店內擠滿了人，心底納悶著豆漿燒餅油條到底多好吃，為什麼那麼多人愛吃？有次領了稿費，走進去跟人擠一桌嘗嘗，唉，和白吐司配醬瓜比起來，燒餅油條配豆漿確實好吃，和我家羊奶泡飯比起來，卻是多麼乏味啊——以後寧可繼續吃白吐司配醬瓜，再不去人擠人。

過了一個多月，我的讀者阿碧拎一袋紅心拔拉到竹林路看我。她先寫信請報社轉，收到我的回信即循址而至；原來她也住永和，熟門熟路。她大我一歲，純樸開朗，一見如故，說她新婚不久，先生寫詩，是個外省軍人（也是筆友結識），駐地在新竹湖口，假日才回永和。她娘家曾是三重望族，在台北市東區有不少土地，卻被好賭的父親賣光了；「我也不知我老爸現在哪裡，已經十多年沒見了。」她母親離婚後做工養三個女兒，善理財，靠標會在永和中興街買了上下四十坪樓房，後來又在附近豫溪街買十多坪的三角窗小樓出租。阿碧是長女，育達夜間部畢業，從小協助母親照顧兩個妹妹，很得母親疼惜，要她婚後離娘家近方便走動，就把豫溪街房子收回給他們夫妻住，還送電鍋、冰箱等嫁妝。

阿碧見我連個書桌都沒有，寫稿必須伏在竹床上，直說太辛苦了，勸我要常出去走路活動筋骨……。臨走時，她以阿姊的口吻說：「這樣好不好，妳從這裡走到我家，大概二十多分鐘，以後寫累了就出來走走，順便到我家吃飯聊聊天。」

這是多麼溫暖的邀請啊，我有時近午起床就慢慢晃過去，她在電鍋煮了飯，冰箱拿出魚清蒸，炒個蛋，小黃瓜涼拌，蝦皮洋蔥湯……。每次去，有什麼吃什麼，飯後泡杯香片，天南地北聊，雖只兩個人，悠閒之感卻像在我家六七人吃早餐。她是我到台北後第一個來看我的讀者，也是唯一邀請我去她家吃飯並去中興街見她母親及妹妹的讀者——在貧乏的職業寫作初期，阿碧給我的富足綿延不盡，至今感念難忘。

一九六四年六月，《皇冠》與我簽基本作家合約，每月可預支六百元稿費，住對面巷的馬各建議我中午去他房東家包飯。房東姓張，上海人，在廈門街經營萬和醬油，生活很儉省，三房兩廳的西式平房，夫妻倆與小女兒睡裡間一房，兩兒子搭行軍床睡飯廳，飯桌則移至客廳，空出客廳旁兩房分租馬各與韓湊；當時他們在康定路《聯合報》當編輯，晚睡晚起，午飯等於早餐，吃完睡個回籠覺再出門上班。

張媽媽是舊式婦女，穿旗袍繡花鞋挽髮髻，每天煮紅燒蹄膀，然而中午端上桌的永遠是半個凝一層白油的蹄膀，吃的是前一晚剩飯加熱開水泡飯。吃哦，她拎來熱水瓶端上半鍋冷飯時都說這兩字。有時她坐在門邊矮凳，低著頭摘細小的綠葉，我問她為什麼要一片一片摘，她說：「枝子上一節節都是莿，會扎手哩，你們慢慢吃哦，我來煮一碗枸杞蛋花湯。」不一會兒，一大碗黃配綠的湯端上來，她又說：「喝哦，今天好不容易又買到呢，枸杞對眼睛好，你們寫字的人要多喝哦。」

她桌上還有什麼菜，我毫無印象，只記得第一次吃到的紅燒蹄膀、開水泡飯、枸杞蛋花湯。那冷的肉、溫的飯、熱的湯，三種溫度層次分明，不知是上海人儀式還是張媽媽獨創？

在張家的早午餐時光，我也聽了一些熱的冷的故事；包括一對私奔同居的前房客，女主角是台南某紡織大廠的千金——其間曲折得另篇細述，以後再說。

樂於繼續享受這奢侈的一日之始

一九六五年初夏與山東人楊蔚結婚後，也租住永和中興街，離阿碧家不遠。楊蔚是《聯合報》文化記者，山東人，早餐泡牛奶吃饅頭，九點多出門跑新聞，我也漫步去勵行市場買菜，偶而繞去阿碧家看看她初生的女兒。

後來報社送烤麵包機，早餐偶而也喝牛奶烤麵包。牛奶饅頭或牛奶麵包都只是吃飽，哪比得上永定娘家的早餐？然而現實漸趨窘迫，沒挨餓已算萬幸。一九六六年十二月初，兒子滿月之日，楊蔚仍為我煎個荷包蛋，然而吃沒幾口就嘻皮笑臉爆出如雷之問：

「今天可以開工了吧？」

——那是我的職業寫作生涯中最切心的催稿。

到了一九七一年五月末生女兒，則連坐月子也吃不到雞蛋了——關於楊蔚與我的轉折，大多已寫在《行走的樹》初版（2006）與增訂版（2015），此處不贅述。二〇〇四年九月他於印尼去世，我才完全擺脫糾纏，自由自在生活。二〇〇五年自《中國時報》退休後，更為想念母親的銅罐仔糜，不斷揣摩雜菜滋味，終能享受從容的一日之始。

我的雜菜湯早餐，基本款包括薑絲、蝦皮（或小魚乾）、雞蛋、豬肉（或魚）、香菇（或金針菇）、黑木耳（或銀耳）、紅菜頭（或白菜頭）、牛蒡、番薯（或南瓜）；其餘當令菜色二三種，綠、黃、紅、白、紫替換，大多是本地小農種植，菜葉常有蟲洞，菜根也洗淨下鍋。我不再吃鈣片、維他命等補藥，雜菜湯早餐就是我的多種維他命，且其滋味與養份比任何名牌藥廠的綜合維他命還鮮甜豐美。

老友笑說：「妳實在太奢侈了，每天花那麼長時間吃那麼豐富的早餐。」——我不曾享受世俗的奢侈，如果花一個多小時吃雜菜湯早餐也算奢侈，我樂於繼續享受這奢侈的一日之始。

至於閱讀的雜菜滋味，每一本書都來自他者智慧，我也仍每日細嚼，從中汲取與學習。餘生難測，在全球化的不斷翻滾裡，暮年之我只是微細之人，唯願不傾斜不搖擺，在倒下之前享有倖存者的早餐，在瞑目之前堅守獨行者的尊嚴。

《中國時報》人間副刊2018年3月12日至14日

註：原載2018年1月《鹽分地帶文學》雙月刊72期；本文為增訂版。

在里斯本，有一座小廣場

韓良憶

作者簡介

既寫作也翻譯，曾旅歐多年，目前定居台北。自認是饞人，樂於烹飪，愛旅行，愛散步，愛閱讀、電影和音樂。曾是記者，當過電影製片，目前在BRAVO FM 91.3主持《良憶的人文食堂》，並在報刊撰寫專欄，最新著作為《最好不過日常：有時台北，有時他方》。自認文字生涯最有意義的事，就是將美國飲食文學家M.F.K.費雪的著作譯成中文。

從辛特拉（Sintra）回到里斯本，火車快抵達羅西烏車站時，我看天色還亮，對約柏說：「怎麼樣？還是去喝一杯嗎？」

「也好，那我就不去車站旁邊買啤酒了。」

於是下了火車，夫妻倆出了匣口，並不搭電扶梯往下到車站大門，而很有默契地直接朝右側出口走去。羅西烏車站挨著陡峭的山丘而建，大門在地勢低的下城區，月台蓋在半山腰上，出口在二樓（台灣稱為三樓），通往希亞多（Chiado），我們要去的地方就在希亞多的邊上。

穿出二樓出口，橫越平台，再爬一段陡坡，有一片空地，名為卡爾莫廣場（Largo do Carmo）。其周邊開了兩三間小商店和四家餐館，東南角有座拱頂的四角亭子，像是微型酒吧，賣酒賣咖啡但不供餐，亭子旁撐開幾把遮陽傘，擺上輕便的桌椅，就是露天咖啡座。

那便是我們此刻的目標，約柏要喝他的黑啤酒，我呢，照樣來一杯白葡萄酒。這家的白酒汲取自類似生啤酒機的酒桶，帶著汽泡，盛裝在笛形香檳杯中，雖算不上佳釀美酒，可是在白日將盡，身心都有點疲憊時來上一杯，一切的倦意好像都可以隨著那嘶嘶湧現的汽泡，飄散而去。

卡爾莫廣場由於地形限制，腹地較小，因之堂皇比不上東側的羅西烏廣場（Praça Rossio），恢宏不若南邊的貿易廣場（Praça do Comércio），熱鬧繁華也不及西側的賈梅士廣場（Praça de Luís Carmões），可它好就好在面積不會大得令人敬畏，卻又不致小得讓人感覺逼仄，加以三側的石板馬路都不寬，車輛交通並不忙，廣場也就相對地安靜。凡此種種，都讓人樂於在這裡多逗留一會兒，享受那悠然閒適的氣氛。說真的，正是這座小廣場，促使我這兩年居遊里斯本，都堅持落腳於附近一帶。

記得頭一回造訪這城市，初來乍到那個下午，沒來得及多歇歇，便從城堡腳下的公寓出發，搭著公共電梯到下城區，隨意走走。此區的道路縱橫交錯，呈棋盤狀，車行的幹道皆朝著大河走，遊客就算手邊沒地圖，也不怕迷失方向。

這是十八世紀中葉時掌權的首相龐巴爾侯爵（Marquis of Pombal）規畫的結果，他在大地震後，決意改造處於里斯本中心位置的下城區，想要賦予其「現代」面貌。在他主導下，幾條寬闊的幹道和大河垂直，連通道的次要馬路則與大河平行，兩者圍成格子形的街廓。下城區如今有幾條馬路是行人徒步區，最熱鬧的應是連接兩大廣場的聖奧古斯塔街，從羅西烏廣場沿街往河的方向行去，越過巍峨的拱門，就是貿易廣場。

我們在下城區繞了大半圈，從河畔走到羅西烏車站附近時，已是薄暮時分，該吃晚餐了，可是經驗告訴我，在車站附近要發現好餐館通常較難，最好往車站外圍找。我看到車站旁邊有樓梯通往不知哪條坡道，決定爬上去看看，就這樣來到了希亞多——雖然我那會兒根本摸不清自己身在何方。

我們在狹小的巷弄來回穿梭，最後由我作主，選了一家看來不像專做觀光客生意的小館子，各點了烤魚和煎牛排。那一餐十分家常，烹調手法並不出奇，也不是精緻美食，但家常菜色也還適口。結帳時，連同布丁甜點和酒水，二十六、七多歐元，實惠到嚇我一跳！（後來成了「識途老馬」，才明白這價位可是「都市水準」，換做在鄉間小鎮，價格可能減兩成。）

離開餐館，天色早已昏暗，踱出長巷，決定向右，朝車站的反方向走，吃得太飽，該多散一會兒步，消化消化。拾步上坡，待腳又踏上平坦的地面時，瞧見左側不遠處有樹蔭，那是一方空地，暈黃的街燈和貼地的燈光照著樹、照著地、照著空地邊上的建築，影影綽綽，真教人好奇。

走過去一瞧，樹蔭下是露天座位，有些人在用餐，桌上點著蠟燭。

「可惜剛吃飽，不然在這裡坐坐，吃點東西應該挺好的」我邊說邊窺視人家桌上都擺著什麼菜。

約柏推推我，「你看。」

我朝他比畫的方向看去，「哇，好美。」

空地一側有一片廢墟，沒有屋頂，石壁上截斷落，原本該是窗戶的地方，如今是長方形的洞口，只有立面的拱門保持完好，看得出這幢建築物有中世紀的哥德風格，相當古老。在地面燈光的探照下，這一大片石牆和鐵門呈現出強烈的戲劇效果，繁華的首都怎麼會有如此巨大的廢墟呢？

廣場上的石頭長椅上，坐了一對情侶模樣的年輕人，兩人依偎著，低聲細語，窸窸窣窣，聽不出講的是哪國語言。我們看到另一張長椅還空著，遂也坐了下來，我把頭靠在丈夫的肩上，他攬住我的肩，兩人不說話，只是靜靜地端詳著眼前這劇場一般的廢墟。我不由得納悶，在晴空底下，這裡會是什麼樣的風景。

回租屋後，翻開旅遊指南一查，那幢建築物是卡爾莫修道院（Convento do Carmo），在十八世紀的大地震中嚴重受損，而讓我們逗留的那一小片空地則以修道院為名，叫做卡爾莫廣場。

第二天剛過中午，我們又來到廣場，買了票進入修道院，這才發覺，修道院雖然殘破，卻並未完全荒廢，後方俯瞰下城區的建築物已修整為小型的考古博物館，一進門原本是教堂的偌大空間，則保留地震後屋頂整個崩塌的情景，裸露的尖拱和高聳的石柱筆直向上，彷彿想探測天有多高，可終究觸摸不到那一片湛藍的天空。

眼前景象美得淒涼，美得令人屏息，也美得教人益發覺察到自己的渺小。你瞧，花費了那麼多人力、物力、財力堆砌而成的石造建築，再怎麼龐然，再怎能說壯觀，再怎麼堅實，到頭來也抵抗不了大自然的力量，怪不得地震過後，有人認為那場災禍是上蒼在懲罰當時因富貴而驕淫的里斯本人。

不知道別的遊客是否跟我一樣，也被這殘缺卻又磅礡的美震懾住了，大夥要麼靜靜地欣賞壁面上殘存的石刻，不時舉起手機或相機獵取鏡頭，要不就席地坐在靠近門口的台階上，或仰頭望天，或遊目四顧，當然也有人忙著俯首滑手機。無論如何，沒有人大聲喧嘩，他們也不敢褻瀆這浩刼過後的歷史見證嗎？

走出修道院，我覺得自己必須坐下來，好好地收拾心情，這才發覺修道院一側有個賣咖啡和酒的小亭子，前一晚不知怎的竟然沒留意到。選了一個位子坐下，點了礦泉水，握著水瓶，還沒喝便覺得那股沁人的涼意從手心傳到心裡，讓我慢慢地釋然了。

唉，是我想太多了，修道院固已是斷壁殘垣，可廣場上綠樹成蔭，中央的水池汩汩地流著泉水，人們微笑著坐在綠蔭下，喝著啤酒或咖啡，他們或是正在度假的旅人，也可能是偷得浮生半日閒的本地人，總之，臉上的線條都是放鬆的。

人生從來就不容易，愛與恨、生與死、華麗與蒼涼、興隆與衰亡，常是一體兩面，往往只有一線之隔，我所能做的，也就是珍惜眼前這一刻吧。且看陽光燦爛，而我身邊有彼此關愛的人，我們誠然渺小，但所幸仍有知覺，多少能夠思考，並且熱愛生活。

差不多就在那時，我告訴自己，如果有一天再來里斯本，一定要回到這裡，找一間小公寓，住下來，哪怕只有短短幾天。

《聯合報》聯合副刊，2018年4月28日
後收錄於《浮生．半日．里斯本》，皇冠文化，2018年5月

魚味

薛好薰

作者簡介

薛好薰，高雄人，臺灣師範大學國文系研究所畢業，現任新北市高中教師。曾獲時報文學獎、梁實秋文學獎、台北文學獎、教育部文藝創作獎、吳濁流文學獎、宗教文學獎、打狗鳳邑文學獎高雄獎等，作品選入《95年散文選》、《103年散文選》、《2012飲食文選》，著有《海田父女》、《輪到寂寞出牌》。

父親捕魚為業，小時候家中餐桌倒不常出現魚，因為父親跑遠洋漁船，漁獲都就近在國外的漁港卸貨買賣，不帶回來。但父親早已養成吃鮮魚的習慣，所以當他輪休在家的日子，母親幾乎每天買魚。

我們喜歡吃煎魚。為了在下班後，能在最短時間內開飯，母親的烹調方式遂顯得有些粗獷。不管土魠、白帶魚、白鯧……，清洗完，不待瀝乾便抹上一層薄鹽，大火熱油後，將魚滑下鍋。奇特的是，這樣的方式，魚卻很少焦爛。隨著油煙往廚房外竄，眾人便逐漸地醞釀出渴慕的情緒，最後那情緒激盪到波瀾壯闊，幾乎滿溢。等上桌開動後，大家覷緊那盛著魚的盤子，舉箸便掃個精光。只要吃上了幾口煎得黃澄澄油滋滋、外皮酥脆的魚肉，精神便瞬間被溫柔地撫慰了。我們是如此喜愛母親唯一端得出來的傑作。

但，長期不在家的父親有著和我們不同的偏好，他喜歡鮮魚湯，只要湯裡加幾根蔥段或幾片薑，往往不需要其他菜佐餐，便吃得津津有味，這應該是沿襲在船上的習慣吧。但有時母親還是會先將蔥爆香，魚略煎過，之後再加水煮開，於是魚湯上便會浮泛著點點油光。我們卻對這種做法不甚滿意，因為煮湯的多是中小型的赤鯮臭肚烏魚虱目魚片，都有些小刺，吃起來麻煩，我們總是不甘不願地將魚吃得支離破碎而狼藉，常常吐出一團摻著魚刺的稀糊魚肉。而看父親吃魚時，任何人都會覺得他肯定是在同一鍋中挑了最好吃的那一尾。父親慢條斯理將魚舀出放在盤中，需要去魚皮時，他便用筷子輕巧挑去，再夾取魚肉鄭重地放進口中，慢慢咀嚼，彷彿父親品嘗的還包括海洋的深淺、洋流、溫度、鹹淡與顏色。我幾乎要疑心：盤中的魚那帶有一抹笑痕的唇嘴，似乎表示了歡欣甘願，因為牠沒有被漠視辜負。接著，父親吐出一根根晶瑩潔淨的魚刺，就像呼出氣息般自然。

父親稱得上是吃魚專家，新不新鮮、野生的或養殖的，逃不過他的鑑定，有時特地帶他上高級的日本料理店吃生魚片，如果他的評價是：「普通」，那麼我們就知道這家餐廳是名不副實。只有極少數料理店能得到父親肯定，但他從不說：「好吃」，而是說：「不錯」。對他而言，這已是他所能給予的最高讚美。

我們長大離家就業後，若是偶而回家，父親便會到漁港市場買魚，讓我們離開時帶走。但我不曾從家中帶走魚，也不曾自己買魚，遑論料理魚。「吃魚」彷彿成為我回娘家時的重要儀式，那縈繞屋內的油煎魚香、或蔥段爆香的鮮魚湯，甚或是父親吃魚的神情，正是吃魚的充足要素。

前二年曾和父親去買魚。那天早上，我們自備了大保麗龍箱，開車到興達港漁市。漁獲依種類、等級一筐筐地分類好，少量的雜魚蝦蟹也纍成堆，整齊排在濕漉漉的地上。空氣夾雜著海風與魚腥味，那腥味甚至帶點海洋的冰涼。一些穿著雨鞋的漁人叼著菸，身手麻利地整理、秤重，一邊打量正左顧右盼尋找獵物的顧客，招呼著買魚。父親帶我迅速走過幾個攤位，問了價錢，便又往下一家，決斷很快。或許他以為我不習慣這樣既潮濕又充滿腥臭的環境，想盡早買完就離開。我還來不及向父親一一詢問魚名，他已經找到品質和價錢都滿意的紅加網，秤重付錢之後，他便要去擡箱子。我連忙制止。他一直習慣地認定女兒做不來粗重的工作，忘記自己年屆八旬。

以往買了魚都是由母親一一去鱗、去鰓及內臟，或煎或煮。不久之前母親小中風，之後身體日漸衰朽，無法久站，遑論煮飯。於是，這天的魚是由我來處理，這還是第一遭。雖然曾在廚房幫母親打雜，但總是漫不經心，現在只能從記憶中搜尋母親以往的作法，才發現沒有想像中的難。

我手指按壓著魚身，在側面從魚鰓到魚腹劃一小口，把鰓及內臟掏出、清洗，並小心不被魚鰭刺到。往日母親知道我不喜歡沾染腥羶，要把處理過的魚寄到北部給我，都被我婉拒。如今迫於形勢只得撇下個人好惡，短淺著呼吸，捏著冷涼的魚身、收拾洗碗槽中滴著血水的內臟……，才發現，沒有人天生就能忍受腥羶、就該忍受腥羶的，而其實，也沒什麼不能忍受的。最後，我將魚一一處理、分裝、冷凍，讓父親日後方便烹煮。

那是第一次和父親買魚，也是最後一次。

半年後，父親車禍，插管住進加護病房。後來病情稍穩定而拔管，我們徵求醫師同意，為父親煮了鮮魚湯。隔日，在加護病房外等候會客時，有位也在等待的婆婆看我提保溫鍋，很欣羨地詢問，一時之間我不知如何回應，僅能私下為父親可以開始進食而喜悅。進到病房，我裝盛了一碗魚湯，小心翼翼餵父親。他半坐半躺，身上手上還連接著其他管線，暫時拿開氧氣罩後，半張臉因撞擊而產生的瘀血遂明顯起來，眉頭也深鎖著。我遞上湯匙讓他慢慢啜飲，他艱難地吞嚥著，沒有了以往從容、優雅、凝想的品嘗神情。才幾口，便搖搖頭，表示已經夠了。

幾天後，父親竟可以轉到普通病房了。我幾乎以為，就是那幾口魚湯，在父親的血液中注入一些活力和元氣，父親一生捕魚、嗜吃魚，也許魚已變成父親的護身符、救命仙藥。

但沒想到，才隔日病情又急轉直下，父親再度進加護病房後便陷入昏迷，不幾日溘然長逝。父親百日時，家人準備三牲祭拜。我隔著香爐的繚繞煙霧，凝望供桌上不知是黃魚、還是虱目魚的乾煎全魚，想像父親是否會像往常那般優閒地享用？而因為考量煮湯的魚肉容易碎散，所以採用乾煎，父親會喜歡嗎？

《聯合報》聯合副刊，2018年5月18日

春天與小羊羔

毛奇

作者簡介

台灣人類學訓練，義大利吃貨訓練的食物與文字的作業員。著有《深夜女子公寓的料理》，以及經營同名粉絲頁。有瓜吃瓜，有豆吃豆，喜歡人不太多的地方。

春天是殘酷的。這件事我原來不懂，來義大利後才有了體會。

初來義大利讀書時，是國曆一月底。蕭瑟啊，炊煙啊，白灰黑，冷冷的寒意在攝氏零度和五度之間徘徊，每天晚上計較著暖氣十點十一點將整棟公寓熄去，摀著被子，計算著要記得先把房間暖好，人要在空間中飽漲的暖意消失前要入睡。是這樣的天氣。鄰近酒莊不少，但葡萄園這時也只有漆黑糾結的主藤，山丘望去，像一隻隻細細的黑針，串在起伏的土地上，真是難以想像，到了春天、夏天時，這些插在土地的針粥，會從母土裡抽飲出濃郁血紅的葡萄汁液來釀酒。

接著，二三月的時候，遭逢連歐洲人也喊冷的寒流天氣，手機上的氣象軟體一度預報天氣將低到零下十四度。還記得那是個在同學家晚餐趴體出來的夜晚，我看著軟體預報不可置信，哇哇叫，會變好冷。來自巴伐利亞森林的德國女孩薇若妮翻身上鐵馬，轉頭大叫：「強壯一點！」，我看著她遠去奮力爬坡的身影，紅頭髮在風中一抖一抖的，微醺中對吼回去：「我可是亞熱帶海島來的好嗎！」。事實上，從婆娑濕潤島嶼來的女子如我，縱使對零度的寒冷有想像的，對零下十度的理解完全沒有。零度已是冷，還有冷下冷，不過零度穿的衣服外套跟零下十度穿的衣服，竟然沒有太大的差別。空氣偏乾燥，因此冷不欺身，做好隔熱保暖大致可應付。不像台北盆地冬日夜雨的溼冷，蝸居古亭詔安街的日子，寒意是有形狀的，凝膠般的，從老房子的屋牆透到床畔，攫取妳。這已註定是我生命中刻骨的一段時日，關於書寫的工作也是這時候開始的。

在最冷的時候，我們吃些什麼呢？記得有個週末，我們一起吃了烤小羔羊。煮飯吃飯的地點，在學校的學生活動中心——這個學生活動中心，基本上就是小鎮外頭一幢百香果黃色的房子，裡面二樓住兩個學生兼任管理員責任，一年繳交極低廉的會費，十歐，就可以使用一樓的專業烹飪設備和活動空間。每次再繳交二歐元雜電費即可。百香果黃屋旁有菜園，種植蔬菜及香草——當然冬日的緣故，目前只看過有點憔悴的迷迭香、鼠尾草和月桂樹。學生團體常用這邊舉辦些彼此之間的聚餐，或是自擬的餐會、品酒會。唯黃屋不在鎮上，從我住處走過去約需要半小時的時間，沒有公車，就是要自己想辦法移動。

小羔羊的那次，剛好那幾天都下雪。鎮上有剷雪車，維持基本交通通暢，出了鎮上的鄉間道路，就可領略「自掃門前雪」之意了。住戶要自己清出人行道上要走的地，好心點，會多清一點，讓方圓內的道路都沒有皚皚厚雪路障。可是哪焉知人家是好心還是不夠好心——不管人疏不疏忽，清不清掃，這雪都是要下的，哪知道這層厚雪下有沒有人清掃過的好心呢？很奇怪，下雪的時候，大地寧靜，有種收斂的音場，把一點點渣滓般的雜音都捂在鵝毛雪花下的錯覺。

我很多時候情願一個人移動，不一定非搭同學便車不可。義大利人的友情，年輕孩子的友情需要很多的相濡以沫，無所事事，這對有點年紀的我來說，略嫌奢侈以及煩人。戴上耳機，轉換眼前地景的配樂，走上長長的一段路，是很享受的事。

出了鎮，路上看到雪封的田野，置身旁觀，馬上開始能夠體會古典詩文中關於白雪、鶴氅、小火爐的真摯身體感受。抖一抖外套，帽簷遮擋風雪。身體走暖了便可以走得更遠——但在這片寧靜與雪中，有個聲音是沒有讀過的，是雪跟人的聲音、踩在雪上的聲音。剛下的雪鬆軟，踩下無聲，是雙腳鬆鬆踩出一雙印子，屬於兔起鶻落的時間差。下一陣子、過夜的雪，有成冰晶的成分，因此踩起來有沙沙琤琮聲，正適合想念海島剉冰。不過稍微融了又結冰的地面，近乎薄糖，行走因此有腳吃糖葫蘆的脆意。大雪是無聲，鵝毛飄下，行走的人卻是不寂寞的。

走著走著，走到百香果黃屋。炊煙已經裊裊了。

推開門，廚房的溫暖，早到的司廚同學已因為飽暖的溫度臉龐泛紅，愉悅地勞動著，為了餵養我們自身，延續我們的友情，一起花費大把的時光。我脫下外套，清潔好雙手，一起加入煮飯的行列。感謝這兩隻為我們奉獻生命的小羔羊，還哺著乳呢，用誠心的廚藝調理它，滿懷感恩地吃掉，使用每個部位，便是尊重生命和自然最好的方法——當然也是尊重自己最好的方法。

小羊來自我們前一個週末參訪的酪農。酪農養羊，製作新鮮羊乳酪，時有小羊降生，沒辦法畜養的部分，大多是當食用羔羊出售。這批誕生在冬夜的羊兒，是還沒來得及看看春天，一隻大概七八公斤左右。酪農幫我們先把小羊肢解好，內臟還很新鮮柔潤，我們用平底鍋用奶油和橄欖油慢慢地煎香它。肝腦肺，裡面還有點帶生啊，卻沒什麼太濃厚的內臟礦物味或雜味，非常細緻甘醇，灑點切碎的巴西利，還沒到裝盤的程度就在廚房被煮飯的人們吃掉了。

肉多的部位，一個用加了薄荷香草的希臘優格覆蓋入烤箱，一個先在鍋中與洋蔥大蒜橄欖油同煎，再烤。入烤箱，以時間等待美味，這是西方料理的基本邏輯，燉煮烘烤到交融都差不多這麼一回事。另一頭，電爐上大鼎，煮著骨頭和羊頭，噗噗冒著滾水泡，也是個把剩下的部位煮到皮酥肉爛……義大利同學、我的好鄰居卡羅，招手喚我過去，拿半個小羊頭給我，要我用牙齒齧咬品嚐。另一邊他拿另外半個，吸吮地嘖嘖作響，讚嘆「這樣吃最美味了對吧」。我甚至忘記是誰趁著大家不注意把眼球吃掉了。剩下的高湯也給美麗的義大利女同學包回家做燉飯湯底去了。

冬夜來不及看到春天的小羊，團團聚在炊煙小屋裡等待春天，吞嚥食物與話語的人，殘酷而且美麗的，帶著敬意的。正視生命和食物，滿懷感激。

那天怎麼回到家，我有點忘了。但是我知道再過幾個禮拜，春天就真的來了。雪地裡首先長出鵝黃的水仙，而前一個禮拜還從枯枝與花苞的櫻與李，或者桃與杏，隔個禮拜就迸放地開了一樹的或者白或者粉或者桃紅的花，沿著樹枝招展，綠葉缺席式的。再隔一個或兩個禮拜，這些花兒也就倏忽地謝了。抬頭的時候，花樹竟長出了一身紫紅如瘀血顏色般的葉片。像是太用力開花吐露的內傷表達。看著看著，竟然覺得不忍。

《皇冠雜誌》六月號，2018年6月

嘗鮮

林銘亮

作者簡介

鉛灰色的安全帽海軍藍的皮手套以及種種堅硬且柔軟的物事，溫柔地將我包圍。鬚髮、指甲不問所以，愚蠢地日夜生長，長成後被一再剪除。在夢中，我拋棄了我，仇視溫柔，告別愚蠢，走進故事，剪貼許多快樂又快樂的幻覺。

林銘亮，一個用文字遠眺天際線的寫作者。嗜歌，愛食，對於藝術嘛，喜歡嘗鮮。

媽媽說，住海口村那些年，汝向埕裡亂爬吃鼻屎，阿公阿嬤河洛話喊汝吃飯，汝回話響亮，像只小銅鑫，響亮亮，怎麼現在離離落落？你假嘆口氣，說，唉啊，住苗栗也只好講國語，班上一到五十五號，最少四十個客家人。媽媽唧唧哼哼，我聽汝在講耍笑。你說，真正！他們連下課都在說國語！爸爸一口貢丸湯咕嚕吞嚥，筷子斜擺，害，要變外省囝仔囉。你因驚嚇而咬裂了竹筷，以為不會說方言的人就要被劃出去和外省人姓。

國中課本寫，正向思考有助於減輕焦慮，進了理髮店不就是學洗頭，學會幾句客家話也算愛鄉愛土愛同學。在柑橘盛產的季節，風紀股長說，你要學？你說，隨你教。張天王搶先說，蠕乳尬己拔。哭夭！你捏他肩膀，教正經的，一聽就是客家髒話，什麼蠕乳尬己拔！張天王揉揉肩，高聲說，暗紫白，你們閩南人才髒，什麼都髒話，軟軟的麻糬，拜拜請客少不了，沾了白糖花生粉，好吃！你摸摸鼻子，因為你真的吃過，雪白豬肝大的一塊，軟糯，香黏，夾著筷子交叉劃開，像不停的除以二，數學課本寫，一根竹竿對剖，永遠剖不完。騙人，己拔怎麼一下吃個精光。要吃麻糬自己拔，聽著合理，然而全班還是一講就笑，熱辣辣綺思撚爆。

你對客家的理解，是從一根歪骨頭摸進去的。

過了三個柑橘盛產的季節，張天王、陳小黑、劉浪漢……以及刪節號帶去的二十七位男同學，加上你，考上同一所高中，過去摔斷的牙、掛在衣架的淤血、混在立可白的淚，一一鎖在了鄉下。陳小黑說，爽啦，可以玩了，第一學期兩科死當。張天王說，爽啦，可以玩了，第一學期上司令台領書卷獎。劉浪漢說，爽啦，乃父免閣食營養午餐，第一學期只帶筷子夾別人便當，同學情急之下吐口水，他說——噢，他沒說話照樣夾起來吃。是，他是河洛人。黃小胖對你說，河洛人奸巧，又貪。你反駁，客家人吝嗇。黃小胖搭你肩，不是吝嗇，更不貪小，是勤儉，要不然，這條金莎巧克力送你，我們做個朋友？你塞一口怪味便當菜，想想，自己畢竟不奸巧，也嫌不大方，吃了金莎，不做朋友。

日後想來，你認為是便當菜惹的禍。九十年代的學校餐廳十分民主，有兩種選擇，統一代訂便當，或搶奪自助餐；相同處在菜色，相異處在溫度。高中男生要搶籃球場，一心吃飽，無心在乎飯菜口味。應該鹹中帶甜的滷肉，容顏慘白，慣見的筍絲換成霉乾菜，柴澀寡味，不霉不甘，簡直鞋皮。更有種調味醬，從未見過，殷紅如唇膏，聞一聞，腥，一嚐心驚，唾之桌頂。肉類尚且如此，遑論炒菜醃瓜，重油重鹹，不運動就洗腎。你絞著雙眉對黃小胖說，閩南菜混客家風味，吃不慣。他說，逢遭這東西到處都有，你沒吃過，久了會愛死。你說，逢遭是什麼？逢仙遭鬼？他答，是一種米做的醬，雞肉豬肉放進去醃一醃，有酒味。他答非你所想，但邏輯對：酒像藥，苦歪歪薟辣辣。回家轉述，媽媽聽了大笑出牙，說，不是逢遭，是紅糟！酒嘛，是真的沒什麼好喝。那為什麼這麼多人喝酒？你說。她頭一歪，說，有錢嘍，買酒擺闊；沒錢嘍，買酒假裝擺闊，言畢繼續地低首踩縫紉機踏板。這不就是騙嗎，你說。她說，自欺欺人容易過日子。一言未盡，阿娘喂，你大叫一聲摔上桌，有根粗針插進腳底。她斜乜一眼，說，喔，中午車斷的，原來跳到這！死囝仔給你踩到！毫無歉意地，繼續地踩縫紉機踏板。

你翻過腳掌，看著插在肉上的針頭，喃喃自語，誤讀一個詞原來這麼痛。

又過了三個柑橘盛產的季節，二十七個男同學畢業後全部留在頭前溪以南念大學。你鬆了一口氣，準備在台北重新做人。和國中同學又續前緣，她也是客家人，不節儉，愛打扮，玩過幾個男人，單身。你對她說，妳很不像客家人。她說，你腦袋裡的沙文主義加刻板族群想像應該受現代女權的批判，《第二性》看過吧？《性政治》看過吧？《自己的房間》看過吧？看過吧？哭爸，都沒看過？那你是怎麼進中文系的？你沒話。她說，算了，不用去圖書館，我苗栗家都有。她家偏僻得靜死，兩層樓，獨門獨戶，左邊是馬路，右邊是機車行，機車行右邊是沒人住的破房子，破房子右邊是一片頹垣，再右邊就是寒冷的荒蕪。你想不到這裡有書，全是你沒看過的書，這裡是從黑色次原橫立的時空切口，她平白領先了你一世紀。你難過，自卑，又沒話了。她說，跟我家去吃客家菜，客家菜重油重鹹，療癒系食物——這也是族群刻板印象，不過，客家人罵客家人不會有事，就像同志才能罵人玻璃，黑人才能罵人黑鬼，女人才能罵人婊子，這是受害者的特權你懂吧？你心想，要是在高中，我絕不吃客家菜。

五個人坐一台車，她說：直直駛落去，去吃私房菜。你以為菜譜是傳家秘方，上來的卻還是豬油拌飯、雞油燜筍、白斬閹雞、客家小炒、梅干爌肉、福菜肉片湯，一碟桔醬。你說，哪裡私房？她爸爸笑說，年輕人不知道，客家人孝心，有好菜色留著給阿公阿婆，私房菜是專給老人家的吃的菜，你看這孝心啊，現在的兒女不一樣，要吃自己煮。她夾一口燜筍，說，老人家的私房菜常常留給孫子吃。你說，像私房錢，懂。她說，不一樣，藏私房錢的是女人。她爸爸無語。你忙說，還是桔醬好，和點醬油膏，沾白斬雞肉，天下無敵，客家人真聰明。她說，滿山滿谷的桶柑茂谷柑海梨柑，不做桔醬也只能落土爛，腳步跟緊生活罷了。她爸爸還是無語，嚼著小炒裡硬梆梆的魷魚。

走出餐廳，櫃台旁柑橘黃澄澄堆積，厚紙板當廣告招牌，寫著：自家耕種，無毒。

她爸爸問，有沒有灑農藥啊？店家說：一點點。

答話理直氣壯，有如天本圓地本方，真可謂心胸開闊。

轉眼又到了柑橘盛產的季節，新竹、苗栗這十幾年翻地皮起高樓，動刀整形，一意複製現代化進步的模型。這天你隨同事重遊關西新埔，嘆氣說道，上山現吃海梨柑，逛農會暢飲仙草茶，食軟軟个粢粑，就以為是天長地久。同事大笑，虧你閩南人還會說客家話！你說，客家話一字一句都不簡單，背後全是學問，學問背後全是故事。你記得那些男孩女孩中學時期的模樣，大家在一起就像進了遊樂園，左衝右撞，尖叫推搡著，揉著捏著，摟著背抱著腰，開心了一個下午，揮手說再見，星流向天涯八方。

為什麼這一生真的好像只是一個下午？

山風吹送，斜陽漸冷，柑橘樹林翠蔭搖綠，天空碎裂金屑閃爍，恍惚之間你聽見時光的凶聲，看見手中吃掉大半的海梨柑裡有十幾隻蟲。你橫膈膜發癢。客家庄的蟲抖抖顫顫地在掙扎。你笑。你直打哆嗦。

《自由時報》自由副刊，2018年7月11日

雞腿

楊渡

作者簡介

楊渡，詩人、作家。喜歡旅行、閱讀、電影和足球。最喜歡的地方，是大山大水，以及無盡的沙漠。生於台中農村家庭，寫過詩、散文，編過雜誌，曾任《中國時報》副總主筆、《中時晚報》總主筆、輔仁大學講師，主持過專題報導電視節目「台灣思想起」、「與世界共舞」等，曾任中華文化總會秘書長，現為自由作家。著有詩集《南方》、《刺客的歌：楊渡長詩選》《下一個世紀的星辰》，散文集《三兩個朋友》、《飄流萬里》、《暗夜裡的傳燈人》、《島嶼的另一種凝視》，報導文學及傳記《民間的力量》、《強控制解體》、《世紀末透視中國》、《激動一九四五》、《紅雲：嚴秀峰傳》、《簡吉：台灣農民運動史詩》《帶著小提琴的革命家》，長篇紀實文學《水田裡的媽媽》，及戲劇研究《日據時期台灣新劇運動》等十餘種。二〇一六年在大陸出版《一百年漂泊》《暗夜傳燈人》，二〇一七年出版《在台灣發現歷史》。

父親過世之後，四個兄弟姐妹開會，決定讓八十二歲的母親來台北和我一起住。

父母鄉下的房子是一幢四樓的透天厝，頂層是祠堂，除了祖先神位，父親過世不到一年，依照習俗，他的遺照還掛在祖先神位的旁邊。母親依依不捨，天天從一樓走到四樓去拜拜。有時候她燒一柱香，站在神位前和過世的父親說話，香都快燒完了，她的訴說還沒完。站久了，她的膝蓋骨受傷，有一次不小心從樓梯上跌下來，髖骨破裂，開過刀以後就不方便再走樓梯了。

我台北的家有電梯，而且身為長子，中國人傳統上就有養育父母的責任。她為了照顧阿滋海默症的父親，有將近十年時光，受了許多苦，但她默默承受。好幾次她怕影響我在台北的工作，自己忍著不說，等到真的很嚴重了才告知。她的身體就是這樣忍著忍著，忍出了慢性病來，她的腦子也開始退化。能陪母親安渡晚年，讓她操了一輩子的心休息，我的孩子也可以享受祖母的疼愛，這是很好的事情。

只是沒想到，最難適應的反而是我。

從上大學後離開家，我在台北已經生活了三十幾年，結婚生子，習慣做一家之主。每年春節雖然都會回到老家，全家團圓過新年，但只是住幾天，像客人去渡假。現在生活一起，習慣了為「人夫、人父」的自己，得重新做「人子」了。

每天早晨出門，媽媽比我早起，總是坐在沙發上看看我的穿著，叮嚀道：「天氣這樣冷，你穿這樣夠嗎？」「你為什麼不穿上毛衣，比較保暖？」。父親習慣每天早晨起來穿上西裝，她看我穿上西裝，就高興的說：「這樣穿很好看喲，很緣投。」

有時穿上便衣去運動，她便要說：「怎麼這麼晚了還出去？晚上外面很危險。你是在台北啊！」

有時應酬喝多了酒回來，她就頻頻說：「哦，你這個囝仔哦，都長這麼大了，還喝這麼醉！」

本來在家裡當老大的，現在一下打回原型。原來在她眼中，我還是那個沒長大的「囝仔」。

妻子總是偷偷笑我：都當外公了，忽然變囝仔。

我的小兒子東東讀初中，正在發育長高，特別能吃，大碗白飯、大塊雞肉、大口魚，像一個無底洞。媽媽看著他吃，總是回頭趕緊叮嚀我：「你為什麼不多吃，你看，東東吃那麼多，你也要多吃一點。」然後，老母親的毛病又犯了，她一直幫我夾菜，生怕我沒吃到，被東東吃光了。

自家人吃飯，還互相夾菜，怎麼會這麼見外？我起初隨她高興，笑著吃了。後來實在受不了，就阻止她這麼做。但沒用，或許腦部退化，她強迫症似的一直幫人夾。

有一次，我買了烤雞腿給孩子當夜宵。看著孩子吃，自己也開心。不料媽媽不開心了。她開始叨唸：「你怎麼這樣，自己省吃儉用，給別人吃，自己怎麼不吃？」

「孩子吃了會長大，我多吃只會長胖啊。」

她生氣的說：「你哦，自己不吃，只顧別人。」

我心想，莫非她的心中認為我是她的兒子，而東東是別人的兒子？所以她是在幫自己的兒子和別人的兒子計較？但東東是我兒子啊！

有一次，我有應酬，晚一些回來，見桌子上還有一隻港式燒雞腿，妻子說，晚餐的時候，媽指定要留下給你，她不給東東吃。我大感訝異說：我剛應酬回來，怎麼會吃得下？

「老母的愛心吧！」妻子笑了。

我想起小時候，我們整個大家族四、五十人住在三合院裡，農村生活貧困，平時大多吃自己種的青菜，只有過年過節殺雞買肉祭拜祖先，我們才有肉可吃。我和弟弟是農曆年初三同一天生日，我還記得鄉下寒冷的冬天，媽媽把除夕拜拜過的雞腿特地留下來，等到初三的中午，她端著一碗還冒著熱氣的白飯，上面放一隻白斬大雞腿，淋上醬油，讓我和弟弟獨享。在還沒有吃西式蛋糕以前，這是她唯一能為孩子準備的生日禮物。

在她的心中，雞腿應是她對孩子感情的一種表示吧。

三年多之後，她的判斷力慢慢退化，但記憶卻愈發清晰。

有一天早上，我準備出門，她忽然抬起頭來說：「你昨天的工程還沒做完，要去收尾哦？」我有些訝異的想，她是不是把我當成父親了，父親以前總是出差去外地做鍋爐的安裝。

晚上，她若有所思的望著我說：「你有時候可以回來，為什麼我媽媽都不能回來？」我望著她，忽然明白了她把我當成了父親。可能是她腦海中，我和父親的影像有些相似，而如果父親能夠從「那個世界」回來，她的母親應該也可以回來看看她啊。雖然她的母親已經過世二十幾年了。

她的身體日漸虛弱。有一天，她可能感覺到自己的虛弱，忽然說起，她小時候生病，她的父親只是一個貧窮的做田人，也買不起什麼藥，就只能做竹籠子，半夜去小溪裡設陷阱，試著抓鱸鰻，用它燉草藥給她吃。

「我爸爸哦，最疼我。早晨冷得草葉子上都結一層白霜，他還去溪裡抓鱸鰻，一碗一碗燉給我吃。」媽媽說著，彷彿成為一個小女孩。母親的妹妹來探望她，帶來一盒雞精，她放在身邊，卻捨不得吃。我以為是農村的習慣。直到有一天早晨，她直說今天想回去南屯，很久沒有回去看媽媽了。南屯是她童年成長的地方。而後她指了指雞精說：帶這個回去，不知道媽媽可不可以吃。

即使吃藥，母親的退化終究難以挽回。她的認知能力，一點一滴退去，但在澈底遺忘之前，她卻記得要帶營養品給母親吃。如果有一天，我也老得沒有了記憶，不知道還會不會想起，母親會留一隻雞腿給我，在生日的那一天。

《聯合報》聯合副刊，2018年8月13日

去後方：日本人和燒雞

張北海

作者簡介

張北海，本名張文藝，祖籍山西五台，一九三六年生於北京，長在台北，工讀洛杉磯，任職聯合國，退隱紐約，著作隨緣。陳丹青稱他為紐約蛀蟲，他上世紀七〇年代到達紐約定居至今。

一九四二年夏，我母親（楊慧卿）正在天津家中收拾行李，準備上路。我（文藝）當時五歲半，幫不上什麼忙，最多也只是我媽叫我取這個那個小東西帶走。

我二姐（文芳）和三姐（文芝），一個十四歲，一個十歲，也在準備自己的小箱子。在這之前，一個家中好友還托我媽同時帶上他們的小女兒，好像姓路，和我二姐同學，她過來的時候也帶了行李。只有我沒自己的箱子，幾件衣服全塞進了我媽的皮箱。

我們不是最早那兒批從淪陷區逃往重慶的，他們主要是軍公教人員和家屬，早已隨着各個機關去了後方「陪都」。我父親（張子奇）雖然也在政府工作，任職交通部天津電話局長，但是在平津淪陷之後，並沒有立刻離開，這是因為電話局在英租界，日本偷襲珍珠港之前，日本勢力無法進入天津那些英法俄等國的租界，但是還有另一個原因，就是電話局下室一間小屋，有一座與重慶聯絡的秘密電報台，只有我父親和那位不定期前來收發密電的特務知道。我後來在想，大概他們仍在等候指示。

可是日本人知道，英國人也知道，只是在珍珠港之前，日本憲兵無法去英租界去查封電報台，逮捕那位收發密電的特務，而且英國還意識到他們沒有權利逼我父親。這片土地雖然是他們的租界，也不過是一個「租」的一塊地。領土主權還屬於中國，哪怕當時是在日本佔領之下的領土。

後來在台北，我母親才對我們說，一位英國領事找過我父親，但也只是轉達了日本人的要求，即關閉電報台，交出特務，我父親的答覆也很簡單，只要英國放棄租界，還給中國，那租界也就自然成為日本佔領區，日本憲兵可以任意查封抓人。

日本這時還沒有以行動逼我父親，只是暗示，後來改為利誘，他們請了一位已經投靠了日本的前國民政府官員，來勸說我爸出任天津偽政府市長，聽我媽說，你爸把他罵了回去。

日本人相當清楚我父親的背景，他們知道我爸當年參與了響應辛亥革命的山西起義。後來又因為閻錫山在民國初年變成了一個軍閥，又開始反閻，當時我父親才十八歲，頭上已經有了不知幾百大洋的懸賞。這時，我祖父才籌了一筆錢，送我爸逃亡日本，一直無法回國，直到我父親在早稻田大學畢業。

只有一次，他偷渡回到山西，娶了我媽，帶回日本，一住十年，我大姐（文英）即生在東京。我不記得父親哪一年逃去了重慶，但應該是日本偷襲珍珠港之前，我在天津法國學校上幼稚園，日本人發現我父親跑了，就曾試圖威脅我來逼我父親。

這一場有驚無險的過程，我的印象比較深刻，但所謂之「驚」，也不是我在「驚」

（懵懂無知真是福），而是父母在「驚」。

我在課室看到校長陪着我父親一個屬下在門口向老師招手。他們三人在外面談了幾句話，老師回來到我身邊輕聲說，「Paul，你需要現在就回家」。Paul是這家天主教小學一位修女給我取的名字，為的是她好念。

我就這樣跟着我父親的同事出校上車，剛離開法租界進入了當時天津人所謂的「中國地」，這可是具有相當諷刺性的稱呼。「中國地」只是在日本佔領下的幾片天津市區，不屬於任何一國租界，從來就是中國土地，只不過當時被日本佔領。

在中國土地，他叫我向後看，說緊跟我們那輛車是日本憲兵，他們打算綁架你，可是日本憲兵並沒有上來攔住我們，把我帶走，而只是開到我們車旁，盯了我們幾眼，等我們開進了英租界，他們也就掉頭開走了，威脅綁架也只是發生過這麼一次。

是這個明顯的暗示，促使我父親傳話，要我媽帶我們儘快離開。

可是為什麼我這一代六個子女——我兩個哥哥三個姐姐——為什麼最後淪陷區只剩下了四十一歲的母親和三個未成年孩子？

我大姐和姐夫張桐已經隨他的單位去了重慶。我大哥（文華）也去了昆明上西南聯大。我二哥（文壯）也在不久之前逃離了家庭，去了後方。

我不記得其他兄姐是什麼時候去的後方，但是二哥出走之前，我倒是有一個很深刻的印象。

好像是他出走之前兩天，他帶我和奶媽去天津「一品香」（「四品香」？）吃雪糕。他給楊媽和自己買了兩個蛋卷草莓，給我買了巧克力。

快吃完的時候，他取出一塊大洋給了楊媽，說文藝喜歡吃巧克力和草莓雪糕，有空買給他吃，然後補上一句，「你們吃，我先走了。」

二哥就真的跑掉了，沒有告訴任何家人。只是在他逃走之後我們才發現，他還偷了我叔叔兩百塊大洋。

我後來回想這段往事，才意識到二哥最後那句「我先走了。」的雙重含義，他像是在和我及楊媽告別。但是他又不只是從天津出走，我們是逃難，他是逃家。等我們到了重慶，才知道他已經考取了中國空軍官校，也從政大退學。可是位於杭州筧橋的官校已被日軍佔領。我這才聽說他馬上就要去美國。當時國家沒有能力訓練空軍。他們這一期，是在美國西部科羅拉多州的美國空軍官校畢業的。

珍珠港被偷襲之後，英美正式對日本宣戰，八年抗戰第五年，中國成為已在亞洲及太平洋戰區展開的第二次世界大戰的同盟國——當時號稱「中美英蘇」。之後半年，我們一行五人，去了後方。

可是我母親也不是一無所知就帶了四個小孩子上路。我們離開天津之前，不少先去了後方的親朋好友，都有話傳回來，不要帶太多的法幣（想來當時用的還是法幣），只帶了夠路上吃住喝車費雜費的數額。帶些銀元，儘量把其他的錢，包括金條，都換成美金，而且縫在小孩子衣服里。我身上的衣褲就給縫了不知道多少美鈔。

最重要的是，多帶些布料，黑白色和藏青的陰丹士林，不同大小的針，軸線，剪刀，肥皂，等等。因為我們必定會走不少段前不着村，後不着店的鄉野，到時候只能投靠有幸遇到的農家，求助吃住。給錢沒有用，這些貧苦農村附近沒有賣這些用品的店鋪。

出門之前，我媽又一再囑咐，路上如果有日本憲兵問起，就說我們是回山西老家。我一直後悔長大之後沒想到問起我們走的路線，經過住宿了哪個城市村鎮。可是記得頭一段路是坐火車去北平。

三個女孩坐在我和母親對面，但是走道斜對面卡位是兩個日本軍官。年紀大的像是將軍，他對面是個年輕軍官，正在削水果，我沒有怎麼注意他們二人，吸引我的是將軍身邊靠窗立着的那把武士刀。

那個將軍注意到了我一直在看他的刀，向我微笑招手，我起身走了過去，他示意坐在他身邊，取刀給我看，我摸了下刀把和刀鞘，正要拔刀，他阻止了我，由他抽出一小截，我正要去摸，他又阻止了我，合上了刀，立在窗邊。他說了一句日本話，年輕軍官就削了一片給我，是片梨，我正在吃，看見我媽向我招手，我跟將軍說我母親要我回坐，老將軍沒聽懂，對面坐的說了幾句日文，老將軍拍了下我的頭，我起身回坐。

母親一直沒問我什麼，只是用手絹擦了擦我的手，車過了一會兒停了，是個小站。兩個日軍起身下車，經過我們的時候，將軍向我微笑，又向我母親微微點頭，我媽用日文回了他一句，將軍有點意外，向我媽行了一個簡單的軍禮。他們，好像只有他們二人，下車之後，車就開了。這時我媽才問我說了什麼，我說什麼也沒說。我問她用日本話在講什麼，母親說謝謝他給你吃片水果。

我們五人在北平車站換了一個月台上了一列不知道去哪裏的火車，反正很擠，好在是起站，我母親和姐姐先上去佔了面對面兩排座位。

去哪裏我也不知道，問我媽，她說跟你講了也白費。就這樣，走走停停了好幾個鐘頭，才在一個車站停住，像是一個不小的城市，上下的人很多。這時，月台上一些人在叫賣「德州燒雞」，我媽說「有好吃的了」。她買了兩支，說一支車開就吃，一支晚上旅館吃。

我從來沒有吃過這麼好吃的雞，我們五人一下子就全吃光了，剛寫完上面兩句，我開始覺得可笑。「從來」？一個五歲十歲小孩會有什麼「從來」？我打算重寫。可是又想，人生一世，任何一個年紀，從五歲到八十，都會有數不清的「初次」經驗，從初嘗德州燒雞到初戀到初抱子孫，也就是說，每次「初次」都是你「從來」沒有過的經驗。換句話說，我們都是，也正是靠這些一個又一個「初次」的累積，長大成人。

我一直懷念德州燒雞，曾經問起幾個北京上海的朋友，他們竟然沒聽說過，直到七十多歲之後，我在北京南下高速火車上，在濟南稍停的時刻，才意外地買到一支。

那是二〇一五年，我乘高速火車從北京去上海，想經驗一下華北到江南的景觀變化。結果，沿路是一個不起眼的城鎮接另一個不起眼的城鎮。偶爾會出現一片莫名其妙的空地。就景觀來說，幾乎沒有一處會讓人感到中國大地江山之美。只有在濟南，有人上車售賣德州燒雞，我感到驚訝，立刻買了一支，不過我沒在火車上吃。

我去上海時探望以前在曼哈頓蘇荷區兩位老友，藝術家夏陽和搞電子平面設計的沈明琨。當天晚上，在沈家客廳，桌上有威士忌和冰塊，我們撕着燒雞，喝着威士忌。他們二人都是頭一次吃，也都是第一次聽說這是德州燒雞，可是吃得過癮，就燒雞來說，這是他們的初次經驗，且有威士忌相陪。他們二人也都七老八十了，倒是真的可以說「從來」沒吃過這麼好吃的雞。

天開始暗了，火車又走了好幾個鐘頭，停了幾個站。最後在一個不是很大的車站停了，我母親說這裏下。我們五人出了站，上了三輛洋車（大概是洋車）。

我也不知道這是哪個城鎮，只是感到什麼都新奇。三輛車最後在條街上停住，我們下車走進一家旅館，這是我第一次（又是「從來」）沒有在北平天津家裏過夜，也是第一次在一個陌生城市住進一個陌生旅店。我覺得新鮮極了。

後來迷上了武俠小說，每次讀到任何俠客綠林，或任何走鏢的，住進任何一個客棧，都會讓我想起小時候第一次住進的那個陌生旅店。客棧不同，但是感覺和味道一樣。

這家旅店好像沒有自己的食堂，可是它旁邊和對街開着兩家飯莊。我媽就請茶房買了些饅頭烙餅之類的擀麵食，又給我們說，吃完早點上床，我們又開始吃燒雞。

第二天一早，我媽交待我們，她要出去辦事，叫我們不要出旅店，尤其關照我姐姐好好看住我，不要上街，又說她會再讓茶房給我們買點吃的。

她下午很晚才回來，說明天一早上路。當天晚上，我們去對街飯莊好好吃了一頓。

我是在寫這篇東西的時候，才開始回想一些當年的往事。可是我發現不是你想回憶過去任何一段往事，這個往事就會從過去呈現在你的腦中。我又發現，如果我連昨晚做的夢，醒來之後都難以捕捉，那七十多年後的今天，讓我去追憶當年五歲時候在路上的一些印象，那與其說是追憶，不如說是在追尋。

不過，我還是有一些起碼的索引作為起點，向我前面提到的後方傳回來的話，其他也只能推測。我猜是我爸傳話給我媽，安排好了路線，在哪裏下車過夜，去找什麼人安排下一程。

這是我長大之後才想到的，也許這就是我父親逃走的路線，否則去西部後方不太會（至少我是這麼想）先南下走山東，也許這麼走的危險性較低，至少避開一些日軍關卡，我這才想起，德州就在濟南附近，當年頭次吃德州燒雞那一站，應該就是濟南，是我二〇一五年又買到燒雞的同一站。

我還查了Google，從北平天津到重慶是一八〇〇公里，想來那個距離是直線里程，我們走的是旱路，一站一站迂迴前進，我估計幾個月之後終於抵達陪都的時候，就里程來說，可能走了兩千五百多公里。

我同時又在想最重要的還是我爸信任我媽，我父母當時已經結婚二十多年，生了三男三女六個小孩，二人相互了解極深，這應該是為什麼，當我家其他兄姐都已先後去了後方，我爸還是很放心的讓我媽，四十剛出頭，就帶着四個未成年小孩殿後。

在小旅店住了兩夜，第三天一早，我們胡亂吃了點東西，就帶上行李出了旅店，上了一輛已在門口等我們的騾車。

《聯合報》聯合副刊，2018年11月6日

過年前的古早味香腸

洪淑苓

作者簡介

洪淑苓，現任台大中文系教授。曾獲教育部文藝創作獎、優秀青年詩人獎、第六屆詩歌藝術創作獎、二〇一六年度「好書大家讀」最佳少年兒童讀物獎等。著有詩集《尋覓，在世界裂縫》、童詩集《魚缸裡的貓》、散文集《誰寵我，像十七歲的女生》、《騎在雲的背脊上》等，主編《那些美食教我的事——飲食文學選》，並有學術專書多種。

Dear W：

我們在十一歲時認識，成為好朋友，小學畢業後還互相寫信，直到不知哪一年，完全失去聯絡。二〇一六年因臉書而重逢，掐指一算，竟失聯三十五年。然而從此之後，你還是像童年一樣，有好東西總是和我分享。

去年過年前，你送來古早味的香腸和蘿蔔糕、南瓜糕，說是快過年了，送我嘗嘗。我用不佳的廚藝，把香腸煎破皮還帶點焦黑。兩種糕被我切成厚薄不均的方塊，也一併煎焦了。但是，真好吃呀！這滋味難以形容，就是好吃。

你說這古早味香腸是你家附近菜市場的豬肉攤特製的，精選黑豬肉，用手工剁碎，加高粱酒醃製，因此香氣十足，保證甘甜無比，而且充滿嚼勁。我特別有感的是那腸衣灌製的外皮，小火慢煎時，油脂一點一點滲出，酒香與肉香隨之彌漫整個廚房，滋滋作響的煎炸聲，彷彿為這香味之舞增添了伴奏。

我遵照你的吩咐，慢火伺候，起鍋後，等不及它變涼，就搶著熱氣切下一小塊，顧不得燙嘴嚼了幾下，吸吮那肉汁，果真是甘甜腴美啊。而腸衣和碎肉和在一起，真真讓我這慣吃「塑膠」香腸的人味蕾復甦。當然，另外那兩種糕也是Q彈好吃，米漿和油蔥的香氣完美混搭，吃起來齒頰留香。你說是新媳婦的娘家送的，也分我一些。

其實，自重逢以來，你已經送我不少好吃的東西。我們在四月取得聯絡，你隨後送來端午前的玉荷包，接著是三不五時的有機蔬菜、各色小零食和精緻的糕餅甜點。你的說法是，這些都是跟有信用的農家訂購，或者來自友人的熱情饋贈，「好東西總是要和好朋友分享」你說。而我若是到中研院蒐集研究資料，也一定順道去你家敲一頓午餐。豐盛的午餐加水果，還有令夫婿親手沖泡的咖啡和茶，總讓我的腹肚滿載而歸。

對於你的午餐，不只是我，其他的小學同學也都很好奇、佩服。每天，在line的群組上，大家總期待你貼出午餐的菜色。對正在辦公室吃便當的我們，你那五菜一湯的家常菜實在太豐盛了。我記得常出現的是，香煎鱈魚、蒜泥白肉、豆腐乳拌雞胸肉、胡瓜炒貢丸片、清炒空心菜、川燙菠菜等，有時也有瓜仔肉、皮蛋豆腐等，外加排骨蘿蔔湯或是香菇雞湯，都是清爽美味，難怪你的孩子送你一面「冠軍媽媽」的錦旗。

說真的，我沒想到小學時被奉為白雪公主的你，竟然可以做出一桌好菜，而且幾乎天天下廚，照三餐煮。連早餐的三明治都要自己做，你還曾為我示範怎樣做出細緻可口的馬鈴薯蛋沙拉。

怎麼了，你何時變成賢慧的婦人，我問。童年的你，多才多藝，我以為你應該會變成職場上的女強人，為事業忙碌，但可能廚藝不佳，呵呵，和我一樣，把家人餵飽就算了。

你回答，前幾年罹患重病，從職場淡出。後來接受腦部大手術，從此展開漫長的復健之路。但只要覺得今天精神好，就一定為家人做飯，哪怕只是煎個荷包蛋，都讓你覺得有力氣付出，值得感恩。

你還說到，病後的你喪失了一些長期記憶，卻仍然記得小學同班的我，是你的好友，經常幫助你，所以你希望可以找到我。也許老天爺也為我們純真的友誼感動，所以讓我們透過臉書重逢，繼續維持這四十多年的友誼。回想起來，其實我真的沒有為你做什麼，只是下課一起玩耍，放學後經常到你家做功課。就像那首歌：記得當時年紀小，我愛談天你愛笑……童年的你，經常去福利社買零食，總不忘分我一些。這個「好東西總是要和好朋友分享」的習慣，四十年後的你還是一樣啊！

見過幾次面，吃過你不少好東西後，我們逐漸找回昔日的熟悉感。你又告訴我失聯之後的人生變化。原本家境富裕的你，因為家變，生活驟然變得困苦。你說中學時，中午的便當常是醬油拌飯，難以下嚥，你經常餓肚子，有一次痴痴望著校門外攤販的小籠包，口水都快流下來了。但是成年後的你，扛起家計，照顧家人，也關心朋友，你把對人生的恨怨，轉為無比的溫柔和愛心，照拂你身邊的每一個人。

我知道，後來的你事業成功，也已嘗遍各地美食。但你還是堅持家裡的飯菜最香，只要有空一定為家人做飯，即使是腦部開刀，你復建之後，掛念的還是要早日進廚房。而過年的應景食品，這家古早味香腸更是不可或缺，並且，「好東西總是要和好朋友分享」，我跟你幾乎同時說出這句廣告詞。

親愛的W，失聯三十五年，這中間的空白有待慢慢填補。想像你便當盒裡的醬油拌飯，我內心萬分不捨，巴不得可以穿越時空，為你送上一盒XX豐的小籠包。但慶幸你已走過那段歲月，也走過術後復建期，回歸家庭成為「冠軍媽媽」。

嘿，說到這裡，這古早味香腸，不會是你在記憶空白處，登錄的第一筆資料吧？你要記下，我煎的古早味香腸，肉香和酒香混融，還有淡淡的焦香味。其他的細節，比如腸衣破皮，有人嘴饞被燙，你就忘了吧。

親愛的W，還記得你說過，你不僅會煎出完美無瑕的古早味香腸——腸衣油亮，吹彈「不破」，一切開來，香氣撲鼻，每一片香腸都是外酥內軟，柔嫩多汁——也會自己料理拜拜用的三牲，並準備一桌豐盛的年菜。那麼今年的過年，就讓我們用年菜來PK，把滿桌的團圓飯菜都拍下照片，貼在line群組和大家分享。以你的實力，我們一定都不是你

的對手。預祝你再度

榮登「冠軍媽媽」寶座

只會教書不諳廚藝的朋友H

寫於2018年歲末

《自由時報》自由副刊，2018年12月26日

詩、小說

最愛胡椒餅

章緣

作者簡介

章緣，台灣台南人，旅美多年，現居上海。曾獲台灣「聯合文學小說新人獎」等多項重要文學獎，已出版七部短篇合集、一部精選集、兩部長篇及隨筆。在大陸出版有長篇、短篇小說集、精選集等。作品多次入選海內外重要文集，包括《聯合文學20年短篇小說選》、《爾雅年度小說選三十年精編》、《九歌年度小說選》、《筆會》等。

「那個女的倒底是懷孕，還是胖？」

有人在竊竊議論。大驚小怪，沒見過胖子嗎？宛鈴斜眼瞄去。

那是一對年輕情侶，男的背雙肩包，一身休閒打扮，女的鬈髮梳成馬尾，穿一條低腰短褲，石榴紅的無袖上衣，下擺綴白蕾絲邊，蓋在小腹部位，強調著那裡的平坦，同樣露出來的還有兩截甘蔗般細瘦黃白的手臂。是都沒在吃飯嗎？宛鈴不以為然。

六月的淡水，遊客的汗水流下又被太陽吸乾，轉角的這家胡椒餅老店，大排長龍。每隔幾分鐘，木炭慢火烤著的胡椒餅散發出爐前的肉香，小店門口便開始聚攏人潮，五花肉和精肉兩種餡，都是那麼油香撲鼻，酥脆的外皮一咬開熱油燙嘴，卻香得讓人捨不得不咬第二口。

這家老店原開在板橋，就在宛鈴家附近的市場裡，從小吃到大，什麼是家的味道，這就是家的味道。她的媽媽煮菜清淡寡素，少油少鹽少糖，就像一個不苟言笑沒有個性的人。宛鈴在這樣的家庭長大，卻有不同的胃口，總是在回家經過市場時，給自己買各種好吃的零嘴：夾蜜餞的小番茄，抹上花生粉的豬血糕，灑辣粉的鹽酥雞，當然還有最愛的胡椒餅，配上一杯絕不少糖的酸梅湯或是百香果汁。她不想為養生或身材而放棄喜歡的食物，這樣人生就太虧了，虧待自己。坐在媽媽清淡的飯桌前，對著媽媽那黃瘦無表情的臉，為了不讓媽媽起疑，她乖乖吃光碗裡的飯盤裡的菜，吃到肚子鼓脹如蛙，打出一個大大的飽嗝。那個嗝充滿了異香葷腥，讓媽媽驚訝於食物在女兒腸胃裡的加工變化。

宛鈴的口氣如果沒有洩露打野食的祕密，她日漸圓滾的身材也讓一切昭然若揭。誰有能耐瞞住爐上正在燉雞湯的事實呢，無言的香味昭告了一切。十六歲後，她就像氣球般開始發福，從一個圓圓的可愛少女，長成一個豐腴的女孩，到如今成了終年懷著四、五個月身孕的女人。「你看哦，走路的時候，肚子的肉肉如果會動，就是胖，不動，就是懷孕。」男孩很權威地說著，這個入微的觀察，惹來女孩在背上捶了兩記。都在看女人的肚子哦？

「再三分鐘就好了。」櫃台後的女人開始登記排在前面客人要買的數量。五個，八個，十二個，宛鈴瞪一眼那個訂了十二個的男人。家裡是有幾個人啊？這麼大的肉餅，吃一個就飽了，就是她也只能吃上兩個。

小時候，賣胡椒餅的就是一個小攤，夫妻兩個，一個做，一個賣。那時沒有這麼多人聞香而來，忠實顧客都是左鄰右舍。胡椒餅是屬於那個市場、那幾條里弄人家，屬於宛鈴的。現在，什麼特別一點的東西，馬上就上報上電視，最要命的是上臉書，甚至傳到大陸的微信朋友圈和大眾點評，一家烤餅萬家香，小巷的私人祕密被公諸於眾，再也不屬於哪個人了。

後來，媽媽生病，腿腳無力，她們搬到有電梯的公寓，就再沒有光顧這家店了。等到媽媽走了，她很快結了婚，生活穩定下來，有一天去板橋探望生病的中學老師，經過市場才想起她的最愛胡椒餅。老鄰居告訴她，胡椒餅搬去淡水了。她專程搭捷運到淡水，走過長長的美食老街，第一次對紅豆餅、臭豆腐目不斜視，沒有停下來喝一碗花生豆花或買一根烤香腸，不管什麼淡水魚丸或魚酥，只是一門心思往前，循著胡椒餅的肉香，來到了店門口。她不再是那個把所有零用錢都拿來買吃的饞嘴女孩，但捧著滾燙的胡椒餅時，她笑得跟那個女孩一樣滿足。第一口還是燙嘴的，滋味跟記憶中的完全一樣，她不敢相信世上竟然有事物可以如此恆久不變，一直在等她，等她歸來。

宛鈴打量店裡忙碌的一家，賣餅的是大姊，做餅的是二妹和么妹，爸爸烤餅。這一家也沒生男的……她的汗水肆意在身上四處流淌，衣服黏在身上像第二層皮膚，只要一移動，兩條大腿的肉互碰像要膠住了一般。好容易排到她，五花肉已經賣光了，只剩下寥寥幾個精肉。她有點失望，五花肉比較香啊。她買了兩個。天成不吃，事實上，婆婆一家都不吃，女兒臻臻只願意吃外面那層酥皮。胡椒餅是她一個人的最愛，無法分享。

手機響，是婆婆。「你在哪裡？」

「淡水。」

「又跑去淡水？」

「有什麼事嗎？」

「秀美回來啦，晚上在餐廳吃，那間櫻之花，你知道的，把臻臻帶過來，還有天成，他手機打不通。」

秀美是天成的大姊，姊夫在江蘇昆山開工廠，她帶著兩個兒子在上海買了房子讀國際學校，回到台灣總是回娘家，大包小包帶一堆。前幾年喜歡帶大陸的南北貨，碩大的香菇、甘貝、烏參，聽人說大陸食品管理不善，有添加物農藥殘留，大家不敢吃，後來就在上海城隍廟買扇子、絲巾、珠包和玉飾，再後來不知道還能帶什麼，回來就請大家吃一頓。

「好啊，我打給他。那家壽喜鍋好吃！」她笑著說。

婆婆也笑，「就知道你愛吃，晚上六點在餐廳見。」

宛鈴把手機收到斜背的皮包裡，皮包穩穩靠在她隆起的肚腹上。快四點了，要請客現在才通知。她看看身上一件天成的藍色舊恤衫，上頭一隻老虎瞪著眼睛，幾年下來褪色到像病貓，下面是一條鬆垮垮灰色七分棉褲，紅色人字拖。穿這樣是要怎麼去？她加緊腳步，汗水涔涔從額頭流下，鼻頭油滑，兩隻肥胖的手臂和兩隻大胖蘿蔔腿用力擺動著，可是那人字拖只適合散步，不適合趕路，一直從腳底滑脫開去。現在這樣是要怎麼吃胡椒餅？趁熱吃才香。她不耐煩地按鍵打通女兒手機。學校離家很近，女兒自帶鑰匙。

「晚上姑姑回來，要請吃飯。」她又叮嚀一句，「先開始寫功課哦！」然後按鍵打天成手機，等了很久，轉入語音信箱。她不想自己帶著女兒出現在這樣的家庭聚餐。無論天成在家怎麼樣懶怠無賴，在媽媽和大姊面前，他還是一副好先生好爸爸的模樣。她想維繫這個形象，為自己，也為大家。家和萬事興。她想到電視上的閩南語節目，最常說的就是這句話，她從小也是受這樣的教養。女人要忍耐溫柔，理解和支持她的男人，退一步海闊天空。電話響了，是天成。

宛鈴帶著臻臻滿頭大汗拉開榻榻米包間的紙門時，婆婆提高嗓門說：「怎麼這時候才來？我們等半天了，等你來點菜！」

「歹勢歹勢！」宛鈴道歉，一邊接過菜單，一邊跟大姊點頭。

「宛鈴，你這是？」秀美盯著弟媳隆起的肚子。天成想要添個兒子，全世界都知道。

「沒辦法，我喝水也會胖，大姊你怎麼都吃不胖？」

婆婆說：「趕快點，秀美中午沒吃，忙得沒空吃。」

宛鈴搖頭。俗語說「吃飯皇帝大」，什麼事能讓人忘了吃飯？腦袋忘了，肚子不會忘。她下意識拍拍肚子，肚腩隨之彈動。每次全家出門打牙祭，都是她負責點菜。她坐下來，也不看菜單，按了桌上的叫人鈴。服務生笑容可掬地來了，她行雲流水點了炸蝦天婦羅和海膽壽司，烏龍麵是婆婆喜歡的，蘆筍甜蝦手捲和生牛肉是大姊愛吃的，鰻魚飯是女兒的，味噌湯四份，茶碗蒸三個，婆婆不吃蛋，還有一份生魚片拼盤大家分享，再加一份鹽烤鯖魚……

婆婆在旁提醒媳婦，「還有烤魚下巴，天成最愛吃這個。」

「再一份烤魚下巴。」她清清喉嚨。點得太多了。

秀美問：「天成呢？」

「今天下班晚一點，叫我們先吃。」

「味噌湯少一份？茶碗蒸……」

「我不吃，留著肚子吃別的。」她怕婆婆再問，連忙笑嘻嘻給大家倒茶，問大姊這趟回來多久。

幾碟糟毛豆和涼筍等涼菜上桌了，配上熱氣騰騰的大麥茶，大家吃了起來，主要聽秀美說話，這次回台灣來檢查身體，全身不舒服，頭痛失眠關節痛，「你看我瘦了好多吧？」秀美對媽媽說，宛鈴卻覺得是說給自己聽的。說自己瘦了，那是逗人憐惜，說自己胖了，那是討罵吧？天成不是老愛說她，身上的五花肉好賣了去做胡椒餅。她想到小時候讀的故事，板橋三娘子開旅店，晚上做白大的饅頭，早上客人吃下去唷唷兩聲，伏下身去變成驢了。吃了她五花肉做的胡椒餅，人會變成什麼呢？

秀美夾起一塊沾滿美乃滋的涼筍繼續訴苦：「我還心悸，突然一陣跳得很快，一天好幾次，難受哦！」

宛鈴咳了起來，連忙灌了幾口茶。剛才是不是心不在焉把毛豆殼一起吃進去了？她怕別人看出她此刻的心也是亂跳的，一下子快，一下子慢，就像一個抓不住節奏笨拙的舞者。

臻臻吃了半盒鰻魚飯就玩起手機，宛鈴早就放下筷子，只是給大家倒茶。一直吃到七點，天成也沒出現。

「再給他打電話，怎麼還不來？」婆婆說。

宛鈴卻好像恍神了，目光有點呆滯，沒有反應。

「你是怎麼了？你不是想吃壽喜鍋，怎麼沒點？」吃飽後，婆婆終於注意到媳婦不對勁。媳婦好吃是出名的，每次看她吃得比兒子多，心裡總是不舒服。女人嘛，還是要秀氣點好，把自己吃得這麼胖，太胖了難懷孕，十年了，老二連個影子都沒有，什麼時候才能抱孫？掃視桌上的食物，烤魚下巴固然是沒動過，其他東西也剩了不少。

「你今天是怎麼了，是不是又去買胡椒餅？」

宛鈴張嘴想說什麼，末了只是囁嚅著說：「兩個，我只有買兩個。」

沒吃完的東西，婆婆囑咐媳婦打包回去，「天成忙得連飯都沒有來吃，等他下班回家，你把這些熱一下給他吃。」

宛鈴順從接過一大袋打包的食物。

「宛鈴，下次大姊請客，你要空著肚子來哦！」秀美拍拍她的手臂。

打包回來的日本料理，放在廚房餐桌上，打包袋旁邊還有一個紙包，是完全冷掉失去誘人香味的胡椒餅。

她心裡空空的，搖控器拿在手裡，電視裡主持人和嘉賓誇張的談笑，一陣又一陣，他們在說什麼？轉台。戴俏皮帽子恤衫短褲的主持人正在南部的一個夜市，吃什麼呢？

往常她對這種節目最有興趣，之前的尋覓和奔波，識者的推薦，香味的逗引，各種前戲鋪墊，終於把食物拿在手裡，小心翼翼送到嘴邊，饑不可耐咬下第一口，香滑的油膏流淌，滾燙的汁液噴射，眼睛緊閉嘴巴大張，搖頭歎息和尖叫，那無法置信的表情，就是美食節目的高潮。至少對她是的。她總是目不轉睛盯住主持人咬下第一口後的表情，因為她吃不到，只能看著表情想像，而吃到美食的極樂表情，每個人都是不一樣的，卻又是一樣的，宛鈴總是看得心旌神搖。但不是今天。

她關掉所有的燈，上床，今天不用為天成留一盞燈。下午那個女人羊水破進醫院了。她躺在床上，身體軟綿無力，彷彿自己也經過了陣痛的折磨。應該生了吧？她生臻臻時很快，三個多小時就生完了。天成在電話裡一副木已成舟你想怎樣的口氣，無賴無情不講理，這就是她自己挑的先生。她跟天成說，無論如何，希望你來一起吃晚飯……她不想離婚，不想讓臻臻跟自己一樣，只有媽媽，沒有爸爸。

但是天成沒有來。他當然不會來。兒子，他就是想要一個兒子。那個女人是復健科的小護士，她去偷看過，眼睛一大一小，平胸扁臀，苗條得像個沒長成的小女孩。天成兩年前扭了腰，在那裡做了三個月復健，慢慢人就精神了，臉上有笑容，對她和女兒都多了點耐心。她還以為好日子回來了。

當那個女人在醫院裡為天成生兒子時，她在排隊買胡椒餅。花了整個下午，跑到淡水去排隊買到的餅，不是想要的五花肉，而且到現在也沒咬上一口。躺在床上，肚子咕嚕嚕地叫，她連晚餐也沒好好吃啊，眼淚不禁流了下來。

一個禮拜過去，宛鈴知道天成跟老闆請了假，曾經回家拿過一些衣物，留了點錢在桌上。女兒對爸爸的失蹤不聞不問，平時父女作息的交集本來就少。禮拜六早上，臻臻才想起來，「爸爸呢？」

「去香港出差。」

「哦。」臻臻低頭看手機，「讓他給我帶小熊餅乾。」

「要看爸爸有沒有空。」

「喂，媽，這禮拜我們怎麼天天都吃外賣？」

平日都是她自己下廚。她喜歡煮飯，在廚房裡忙碌時，心裡很踏實。天成當初就是被她的好廚藝迷住的，他總是說她煮的飯菜比外頭的大餐館還要美味，下班後喜歡湊過來聞她身上的食物油香，說是「老婆的味道」，女兒小時候也愛環抱著繫圍裙的媽媽……她的廚藝是不是退步了？趕不上時代的變化，不再合他們父女的口味。

「媽媽又不是煮飯機器！」話一出口，才感到口氣的惡狠，但是女兒恍若未聞，繼續滑手機。這時婆婆打電話來，說附近咖啡館有優惠活動，買一送一，讓她過去一起喝咖啡。

下個月馬上要過七十大壽的婆婆，看起來年輕，喜歡出國旅行，生活方式也很洋派。台北大街小巷咖啡館林立，不只是一般的咖啡連鎖店，而是各種精品和手沖咖啡館，櫃台後面沖泡咖啡的服務生，個個都是咖啡達人。像婆婆這樣年紀的女人，坐在時髦的咖啡館裡，詢問著店裡新到貨的咖啡豆特色，偏酸或帶著果香，點一杯來自古巴或牙買加的手沖咖啡，誰都要多看她兩眼，婆婆此時總是一副不在意的表情，其實心裡得意得很。這點宛鈴很清楚。婆婆，不是個簡單的人物啊！為什麼突然找她喝咖啡呢？是不是知道什麼了？還是，天成已經跟他媽媽攤牌了？

泡咖啡館時，婆婆總是打扮得很整齊，宛鈴也不敢像平日那樣舊恤衫短褲就出門。她換上印花寬版長上衣蓋住肚腹，下面還是那件走樣但最舒服的灰色七分褲，照鏡子時習慣性地在腰腹上捏幾把，打聲招呼。這些肉，有多久沒有被溫柔地觸摸了？她下手有點重，在肚腹上留下條條紅印。

宛鈴還沒入座，婆婆就把一個紙袋遞過來，滿臉堆笑。她聞到那熟悉的肉香，味蕾立刻蘇醒了，渴望家的味道。

「你去買的？」她很驚奇。婆婆對她老遠去淡水排隊買胡椒餅，向來嗤之以鼻。
「人好多，我排到第二爐才買到，你愛吃五花肉，對不對？」
她抹去頭臉的汗水，想像時髦的婆婆擠在人群中焦急等候的模樣。
咖啡已經上桌。「今天喝拿鐵，買一送一，手沖的沒有送。」杯子外白內紅，貓尾巴似捲起的杯把，拿鐵上畫了一片葉子，或者是一顆心？
「快喝，冷了不好喝。」
宛鈴聽話地端起杯子啜了一口。已經冷了，入口是苦澀的奶味。婆婆為什麼特地去買了胡椒餅，還陪不甚討喜的媳婦喝不上檔次的拿鐵呢？婆婆不是說過，真正懂咖啡的人不喝拿鐵？
有幾分鐘的時間，婆媳都沒作聲，然後婆婆長歎了口氣，「算是媽媽拜託你了。」
她心頭一緊，天成提出要離婚了？
卻不是離婚。原來那個女的產後大出血，身體非常虛弱，還有一些併發症，沒法哺乳，也無法照看孩子。天成把孩子帶到奶奶家，清閒慣了的婆婆哪裡能對付一個成天哭鬧的奶娃。他們母子想來想去，也只有她了。
「這件事，是天成對不住你，現在孩子都生了，媽媽知道你是最軟心腸的，是個識大體的人，你沒在上班，臻臻也可以幫忙帶弟弟……」

「要我來帶？」

「只是暫時的，等她身體好了，自然要帶回去的。」

帶回去，跟天成組成一個小家庭，取代她跟臻臻這個不夠圓滿的家？

婆婆看她不吭聲，繼續勸著，「你幫天成這個忙，對他們有恩，將來，媽媽也會挺你，不會讓你吃虧的。說起來，這孩子是臻臻的弟弟，都是一家人，互相幫忙也是應該的，媽媽知道你是個明理的人……」

婆婆急急說著，手揮動時碰到咖啡杯哐噹一陣響。婆婆向來高高在上，今天竟然頂著大太陽去給她買胡椒餅，坐在咖啡館裡心慌意亂完全失了平日的優雅。想到這裡，宛鈴暗暗捏了自己大腿一下。

「孩子，還好嗎？」

「很好，哭聲很宏亮，跟天成小時候好像。」婆婆笑了。等了這麼多年，終於等到金孫，不過孫子丟給她可不行，即使只是暫時的。

「孩子現在在哪裡？」

「在家，天成看著。」婆婆看看她臉色，又說：「天成都瘦了，幾天都沒睡好，要上班，還要去醫院。」

宛鈴彷彿聽到嬰孩的啼哭，看到天成苦著一張臉。他從未幫女兒換過尿布。

「請個保母嘛，交給我，不怕我把小孩勒死？」她訝異自己語氣的平靜，像在說「我要兩個五花肉的。」

婆婆瞪她一眼，「這是什麼瘋話？」

當然不怕，因為婆婆和天成都吃定她不是這種女人。她只會與人為善，最怕起衝突，讓大家不開心。她笑笑。這時候她應該詛天咒地的，先生跟別人生下大胖兒子……但她不會去詛咒，小護士、天成、婆婆，或是那個嬰孩。家和萬事興，她又想到電視上常聽到的勸世良言。只要她退一步，大家就能海闊天空，拿鐵買一送一，保母費也省下了。

她想像再次懷抱一個軟綿綿的新生兒，皺巴巴的小臉，無牙的嘴，她想像嬰兒扯她的衣襟，索取她的乳房，而她豐滿的血肉和垂墜的乳房，卻無法滿足他的需求，任何人的需求。

她繼續沈默著。從她的座位可以看到負責沖泡咖啡的那個男人，此刻正笑瞇瞇地在乾淨的吧台上抹抹擦擦，把吧台邊一棵卡多利亞蘭調個方向，讓艷麗的紫花正對客人。

他摸摸盆裡的泥炭土，似乎想知道花需不需要給水，表面看來是乾的……他中指一探，全指沒入土裡。這麼明目張膽！宛鈴一驚，轉回眼光，對上了婆婆詢問的視線。

她把胡椒餅往婆婆那邊推，「我不吃，要減肥。」

婆婆面露疑惑，「不吃？那，孩子？」

「我不帶。」

「你不要帶？」

「我不要。」

「那你想怎樣？」從未被媳婦當面拒絕，而且是這麼重要的請託，還連著兩次，婆婆的口氣也嚴峻了。

「我想，我要……」她頓了頓，「我要離婚，對，我要馬上離婚。」

推桌而起，快步離開，宛鈴以為這會是自己今天離開的模樣，卻被氣急敗壞的婆婆搶先一步。她好脾氣地付了拿鐵的錢，把胡椒餅留在了身後。

《聯合報》聯合副刊，2018年7月18日

一杯茶在傾聽

綠蒂

作者簡介

綠蒂，本名王吉隆，一九四二年生，臺灣雲林人。現任中國文藝協會理事長及中華民國新詩學會理事長、秋水詩刊發行人、《文學人》雜誌社長。曾任中國《野風文藝》主編。曾獲中山文藝獎、世界詩人大會頒贈「桂冠詩人」獎。

著有詩集：《藍星》、《綠色的塑像》、《風與城》、《雲上之梯》、《泊岸》、《坐看風起時》、《沈澱的潮聲》、《As I Sat and Watched the Wind Rise》、《風的捕手》、《孤寂的星空》、《春天記事》、《夏日山城》、《存在美麗的瞬間》、《綠蒂詩選》、《秋光雲影》、《冬雪冰清》、《四季風華》、《北港溪的黃昏》等。

傾聽秋蟬的幽怨
也傾聽阮咸的清音
傾聽貓王爵士的搖滾
也傾聽杜布西的月光
傾聽瓊·貝斯的黑膠片
旋轉成低音的鄉愁
也傾聽音樂盒組編
金屬弦片的韻律
傾聽欲來的風聲雨勢
也傾聽母親近似嘮叨的叮嚀

風亭小石桌上那杯烏龍
微溫 傾聽而不移

傾聽野百合花開的聲音

也傾聽蜂鳥振翅的頻率
傾聽邊境遷徙遺落的腳步
也傾聽夜空星子的竊竊私語
傾聽默片中砲彈的迸裂
也傾聽零分貝手語的示愛
傾聽古琴悠揚的弦外隱喻
也傾聽平安夜天使的笑容

風亭小石桌那杯烏龍
逐漸涼卻 傾聽而無語

《自由時報》自由副刊，2018年8月5日

二魚文化　人文工程　E056

2018飲食文選

主　　編　焦桐
特約編輯　王筱筠
美術設計　陳恩安
出 版 者　二魚文化事業有限公司
發 行 人　葉珊
地址｜106 臺北市文山區興隆路四段165巷61號6樓
網址｜www.2-fishes.com
電話｜02-2937-3288
傳真｜02-2351-5288
郵政劃撥帳號｜19625599
劃撥戶名｜二魚文化事業有限公司
總 經 銷　大和書報圖書股份有限公司
電話｜02-8990-2588
傳真｜02-2290-1658
初版一刷　二〇一九年十二月
I S B N　978-986-5813-98-7
定　　價　三〇〇元

飲食文選．2018／焦桐主編. -- 初版. -- 臺北市：二魚文化，2019.12｜232面；14.8×21公分. --（人文工程；E056）｜ISBN 978-986-5813-98-7（平裝）｜538.707｜108018289